O Poder Libertador de se Amar

Por que ser uma mulher que se ama
é um desafio que beira à impossibilidade?

Editora Appris Ltda.
2.ª Edição - Copyright© 2024 da autora
Direitos de Edição Reservados à Editora Appris Ltda.

Nenhuma parte desta obra poderá ser utilizada indevidamente, sem estar de acordo com a Lei nº 9.610/98. Se incorreções forem encontradas, serão de exclusiva responsabilidade de seus organizadores. Foi realizado o Depósito Legal na Fundação Biblioteca Nacional, de acordo com as Leis nos 10.994, de 14/12/2004, e 12.192, de 14/01/2010.

Catalogação na Fonte
Elaborado por: Josefina A. S. Guedes
Bibliotecária CRB 9/870

B465p
2024
Benfica, Juliana Schaun
  O poder libertador de se amar: por que ser uma mulher que se ama é um desafio que beira a impossibilidade? / Juliana Schaun Benfica. – 2 ed. – Curitiba: Appris, 2024.
  176 p. ; 21 cm.

  Inclui referências.
  ISBN 978-65-250-6807-7

  1. Autoestima. 2. Autonomia. 3. Psicanálise. I. Título. II. Série.

CDD – 158.1

Editora e Livraria Appris Ltda.
Av. Manoel Ribas, 2265 – Mercês
Curitiba/PR – CEP: 80810-002
Tel. (41) 3156 - 4731
www.editoraappris.com.br

Printed in Brazil
Impresso no Brasil

JULIANA SCHAUN BENFICA

O Poder Libertador de se Amar

Por que ser uma mulher que se ama
é um desafio que beira à impossibilidade?

Curitiba, PR
2024

FICHA TÉCNICA

EDITORIAL	Augusto Coelho
	Sara C. de Andrade Coelho
COMITÊ EDITORIAL	Marli Caetano
	Andréa Barbosa Gouveia - UFPR
	Edmeire C. Pereira - UFPR
	Iraneide da Silva - UFC
	Jacques de Lima Ferreira - UP
SUPERVISOR DA PRODUÇÃO	Renata Cristina Lopes Miccelli
PRODUÇÃO EDITORIAL	Bruna Holmen
REVISÃO	Andrea Bassoto Gatto
DIAGRAMAÇÃO	Amélia Lopes
CAPA	Kananda Ferreira

*Dedico este livro a todas as minhas ancestrais que me deram notícia
do que é ser mulher. À minha vó Lui, que me ensinou
a força e a coragem que uma mulher tem para
não se manter em lugares que sufocam,
prendem e violentam. À minha mãe, que me
transmitiu a coragem de lutar pelos meus sonhos
e a construir meu próprio destino.
À minha vó Neném (in memoriam),
que me mostrou que mulher fala.
À tia Clênia, que me inspirou a sorrir para a vida,
a me refazer e a dar voz aos meus desejos.
À tia Walda, que me ensinou que é preciso
sabedoria e mansidão para viver e lidar com o mundo.
E à tia Katinha (in memoriam) de quem herdei a curiosidade,
o desejo pelo saber, pela pesquisa e pelos estudos,
e a potência de duvidar, questionar
e não me conformar.*

*A todas elas dedico minhas palavras aqui,
que têm como objetivo pensar
o ser feminino atravessado
pela cultura, pela família
e pela ancestralidade.*

AGRADECIMENTOS

Agradeço a todas as minhas pacientes, que todos os dias ensinam-me um pouco mais sobre o que é ser mulher e como a feminilidade é plural.

A todas as minhas protagonistas, que me inspiraram e me deram o privilégio de seguir o caminho de construção do protagonismo feminino ao lado delas.

Ao Luan, meu parceiro e companheiro de vida, que sempre sonha meus sonhos comigo e me incentivou à escrita e à publicação deste livro.

A Maristela Marques, minha analista, que com sua escuta atenta, amorosa e acolhedora torna possível que eu me escute, conheça-me e construa meu ser mulher.

A Fernanda Soibelman, que com sua super-visão aos casos que eu levava para nossos encontros provocou desejo em ler mais sobre a temática abordada neste livro.

PREFÁCIO

É interessante pensar no elo existente entre uma mulher e suas antepassadas. O óvulo que deu origem a cada mulher esteve contido no útero de muitas outras que existiram antes dela. Mais que um cordão umbilical que nos ligou por cerca de nove meses às nossas mães, há uma história que nos mantém unidas, ainda que em nós que nos enforcam.

O patriarcado nos atravessa de muitas maneiras. Tendo como um dos pilares que o sustenta, a ambígua relação entre mãe e filha. Não poderia ser diferente, já que cada sentimento carrega consigo uma polaridade igualmente proporcional. O amor e o ódio, o desejo e a culpa, a lealdade extrema e a vontade de traição.

A função materna na relação com a filha, se encarrega de passar a feminilidade. Instrumento este que foi criado no percurso do desenvolvimento da sociedade patriarcal. A feminilidade é o instrumento que age como o passaporte social da mulher e ele é concedido à filha através da mãe. A feminilidade guarda consigo uma soma de atributos que dita um destino à mulher e a convence de segui-lo através de uma promessa. O destino é o de incorporar no seu comportamento e no seu temperamento condutas que a mantêm sempre em posição subjugada na própria vida. O destino da mulher prometido pela feminilidade é o de simbolicamente ser a donzela que será resgatada do alto de uma torre por um homem capaz de prover suas necessidades e de lhe proteger de todo perigo iminente de um mundo social que é hostil.

A promessa é que se a mulher for bela, recatada, bem-comportada e agir conforme se espera que uma mulher aja, ela terá a devoção e amor de um homem. A socialização feminina colabora para que o desejo que orienta a ação da mulher seja limitado ao desejo de ser objeto de desejo de um homem. A sua humanidade passa a ser avaliada e medida a partir do momento em que a mulher possui atributos suficientes para ser escolhida por um homem. Nessa dinâmica, a mãe se confunde como uma mestra. Aquela que irá transmitir para a filha todos os valores necessários para que ela realize seu destino. A mãe é portadora e transmissora de uma moral social. Sendo a mulher colocada como aquela que é responsável quase que exclusivamente pela educação de seus filhos, o sucesso ou o fracasso de seus filhos recaem sobre ela. Se o destino da filha é a realização do matrimônio, a mãe carrega socialmente o peso pelo seu sucesso ou pelo seu fracasso. Essa relação abre espaço para a construção de uma relação de poder.

O modo como a filha incorpora a feminilidade, dirá se essa mãe obteve êxito ou não em sua educação. Cabendo à filha o peso do dever de ser o reflexo mais belo de sua mãe para a sociedade. A filha que assume a missão de representar socialmente a sua mãe, carrega consigo também uma luta pelo reconhecimento e pelo amor dessa figura materna. Para muito além do desejo de reproduzir a feminilidade na ânsia pelo amor masculino, o que essa filha deseja no interior de si é o amor, a validação e o reconhecimento dessa figura materna.

A mãe, para além da função materna, é antes de tudo a nossa primeira fonte de amor, segurança e nutrição. O medo do desamor dessa figura nos faz sentir completamente ameaçadas. Uma possível rejeição da mãe nos primeiros meses de vida pode nos levar à morte. O ser humano carrega consigo o instinto de sobrevivência e a busca pelo amor materno é sem dúvida uma forma de se manter vivo. Seja fisicamente, ou seja, simbolicamente. O desejo pelo existir e gozar da existência nos é primeiramente assegurado por essa mãe que por desejo ou obrigação social nos deu à luz. Simbolicamente falando, continuamos perpetuando esse desejo de bênção e de validação materna. O casamento pode ser considerado o passaporte social da mulher, mas ele é, antes de qualquer coisa, para muitas mulheres, o passaporte de validação e de amor materno. Essa dinâmica que nos causa tantas angústias, medos e paralisias diante da vida precisa ser entendida de maneira contextualizada.

Precisamos admitir que o patriarcado não teria ido tão longe se não contasse com a capacidade feminina de perpetuar a violência simbólica. A "estrutura é estruturada e estruturante", nos disse Bourdieu. A estrutura social nos leva a incorporar os seus valores. Esses valores são socialmente construídos e impostos a partir de violência simbólica que é sutil. Mas são eles que determinam aquilo que devemos e podemos desejar. Somado a isso, a nossa condição humana é marcada pela carência e pelo desejo de pertencimento. Incorporamos esses valores e a nossa psique se desenvolve a partir deles. Os valores nos dizem o que deve ou não ser desejado para que possamos obter aquilo que garantirá nossa vida dentro de um grupo. O primeiro e mais importante grupo de todo ser humano é a família. Herdamos dessa família muitas coisas: crenças, desejos, traumas, padrões de comportamento... Nas dinâmicas familiares, nosso desejo de amor, pertencimento e de diferenciação irá influenciar decisivamente no modo como iremos reconhecer e administrar os nossos desejos. Sobretudo, os desejos que não condizem com aquilo que nossas mães e pais esperam para nós. O peso da moral social que nos leva a achar que devemos honrar pais e mães nos mantém presas em teias que nos fazem ser devoradas por uma vida inautêntica e sem sentido. Enquanto mulheres e filhas, aceitamos, por medo da rejeição, limitar nossos desejos aos desejos ou ao olhar de nossa mãe por nós. Tememos nos diferenciar dessa figura materna e desejar por conta própria porque inconscientemente acreditamos que essa ruptura é uma traição. O livro da Juliana nos conduz à luz dessas dinâmicas estruturais que colaboram para que esse elo entre mãe e filha, se torne um nó. Se há um debate urgente que pode nos conduzir à superação da violência simbólica do patriarcado, é esse que nos possibilita compreender e desatar os nós que amarram mulheres a destinos que não foram conscientemente escolhidos por elas. A psicanalista Juliana atua nessa obra não apenas como uma intelectual brilhante, mas como uma parteira de consciências, como uma desatadora de nós. O desejo é a grande alavanca de todo ser humano. É preciso nos lembrar constantemente que a alma é grande demais para ser limitada na busca pelas migalhas dos olhares e aplausos alheios. A libertação feminina só poderá acontecer em muitas esferas. Dentre elas, a simbólica. Uma mulher capaz de andar com as próprias pernas e construir sua realidade com as próprias mãos é aquela que já entendeu a urgência de cortar o cordão umbilical que a mantém escrava ao fantasma de um passado que já não a veste mais. É chegada a hora de parir a si mesma.

Jéssica Petit

Mestre e Socióloga política e filósofa pela Sciences Po École D'affaire Publique e UFRP

SUMÁRIO

O QUE CHAMO DE SÍNDROME DA BOAZINHA?..............14

SOMOS FEITOS DE MUITAS GERAÇÕES..............23

TUDO QUE FAZEMOS OU DEIXAMOS DE FAZER TEM A VER COM NOSSA NECESSIDADE DE SERMOS AMADOS E O MEDO DE SERMOS REJEITADOS..............32

SEM O AMOR DO OUTRO EU MORRO: O DESEMPARO FREUDIANO..............35

CULPA, UM SUBSTANTIVO FEMININO: REVISITANDO A TEORIA DE MELANIE KLEIN..............40

O FALSO SELF DE BOAZINHA A LUZ DE WINNICOTT..............50

O QUE ME FAZ MULHER É O OLHAR DO OUTRO?..............57

RE-PETIÇÃO DA DEMANDA DE AMOR MATERNO..............74

O MEDO DA SOLIDÃO..............89

A MULHER VIROU BICHINHO DOMÉSTICO..............106

MULHERES QUEREM A VIDA DE PRINCESA..............117

DINHEIRO, PODER E AGRESSIVIDADE: ISSO É COISA DE HOMEM?..............135

O PROTAGONISMO FEMININO É REVOLUCIONÁRIO..............143

O AMOR É A CURA..............149

CONCLUO QUE AQUI NÃO CABEM VILÕES E MOCINHAS..............161

ENTÃO, MINHA QUERIDA..............167

REFERÊNCIAS..............170

O QUE CHAMO DE SÍNDROME DA BOAZINHA?

> *Consentimos em servir porque esperamos ser servidos. Servimos ao tirano porque somos tiranetes. (...) Onde há desejo de servir, há desejo de servir porque há desejo de poder. Dá-se tudo ao soberano na esperança de converte-se em soberano também.*
>
> *(Marilena Chaui)*

Falar da síndrome da boazinha não é só dizer um diagnóstico psiquiátrico, mas pensar como a misoginia anula a potência criativa em meninas para adaptá-las ao papel de boazinhas. O desejo por mulheres quietinhas e obedientes impacta na autoestima feminina e gera como resultado mulheres inseguras e dependentes, com uma espécie de "síndrome da boazinha".

Utilizo aqui o termo síndrome por ser um conjunto de sintomas e comportamentos, apesar de ela não ser reconhecida como um transtorno psíquico pelo DSM (manual diagnóstico e estatístico de transtornos mentais). Neste livro, nomeio a posição submissa da mulher como síndrome da boazinha de forma didática para descrever comportamentos submissos presentes em mulheres, partindo do ponto de que as meninas são educadas envolvidas em um desamparo profundo, visto que seus cuidadores, em geral, mães e pais, são levados a não só a desejarem, desde a gestação, mais filhos meninos, mas também a enxergarem os meninos como mais valiosos e dignos de atenção e reconhecimento.

Assim, enquanto meninos são educados para autonomia, coragem e independência, as meninas vão construindo seu ser a partir do lugar de objeto, coisa, pedaço. A forma como são educadas na nossa sociedade gera ausência de segurança emocional e de autonomia para lidar com a própria vida, fazendo com que o amor a elas dedicado seja condicionado a elas serem boazinhas, ou seja, elas devem se fazer aprovadas para serem amadas.

Ao longo da minha pesquisa sobre a construção da feminilidade, percebi que os comportamentos associados à feminilidade dentro do patriarcado assemelham-se ao que Donald Winnicott chama de falso self. Para o autor, todos teríamos, em certa medida, a necessidade desse falso self para a vida em sociedade, porém pessoas que quando crianças precisaram submeter-se muito à demanda do Outro, tendem a tomar como estratégia de sobrevivência abrir mão do próprio gesto criativo, e por essa razão passam a agir exatamente de acordo com o que é esperado delas. Para isso desenvolve-se um "falso self", um Eu que irá relacionar-se com o outro, enquanto o verdadeiro Eu fica dentro de uma armadura de proteção. Por isso acredito ser hoje o conceito de mulher de alto valor um grande Self falso, mascarado, fantasiado de mulher, que não passa do desejo masculino pela obediência feminina.

Proponho-me, então, a analisar como meninas, por terem sido silenciadas, tiveram suas histórias marcadas, seus caminhos traçados e suas vontades enterradas, afinal, nós, mulheres, sempre existimos, mas se não somos nós que abrimos a boca para contar nossas histórias, quem as vem contando?

Digo isso porque percebo em minha prática clínica que para as mulheres não é dado o direito a escrever suas histórias pelas próprias mãos. Hoje não temos casamentos arranjados, mas temos algo muito pior: uma violência simbólica que nos mantém na própria opressão, fantasiada de escolha, porque não há nada mais doce do que uma mulher que se submete à vida oprimindo-se, acreditando fielmente ser sua própria escolha.

A ideia passada para nós é que a história da princesa só faz sentido quando ela encontra o príncipe, que é no castelo dele que mora o "felizes para sempre", que é na prisão das dependências financeira e emocional que há o amor e a salvação. Construíram o ser mulher como objeto para o outro, para a aprovação, para a dependência, para a maternidade, para a devoção e tudo que envolva a satisfação do outro. Ou, como diria Lacan, aprendemos a tomar a demanda do Outro como próprio objeto fantasiado.

Irei, então, associar os sintomas e os comportamentos de boazinha com o que Winnicott chama de falso self para exemplificar e tentar traçar um processo de desenvolvimento da insegurança feminina. No fim, o custo para ser boazinha é despedaçar-se, esconder partes de si que não são aprovadas, e, para isso, abrir mão de sua capacidade criativa, sua autenticidade e sua espontaneidade, o que torna impossível a autonomia.

Mesmo com inúmeros avanços, nossa sociedade ainda é organizada pelos papéis de gênero de forma hierárquica e desigual. Se os meninos precisam se tornar homens fortes, independentes e corajosos, as mulheres devem ser frágeis, dóceis e silenciadas, desejando se casarem, pois aprendem a amar o outro acima de si mesmas, o que as impede de saírem da posição alienada ao desejo do Outro.

Em um mundo criado por homens para os homens, a questão feminina do "que é ser mulher?", segundo Malvine Zalcberg, passa pelo amor do homem, cujo desejo se deve despertar, levando as meninas a criarem um senso de si mesmas que deve submeter-se às necessidades e aos desejos dos outros, tendo sempre que dar satisfação – nos dois sentidos. E qual mulher interessa ao homem patriarcal? Certamente, não é a mulher brilhante, ambiciosa, inteligente e autônoma.

Sendo, assim, a feminilidade patriarcal de boazinha um disfarce cuja dupla função é tanto encobrir o poder quanto proteger a mulher contra o perigo de retaliação por ser poderosa, visto que, com a naturalização da devoção ao outro e a demonização da potência em uma mulher, as mulheres passaram a ver a própria opressão como identidade feminina, como self possível de ser apresentado ao outro, como se uma mulher que não desempenha esse papel seja menos mulher, como se ela, que é sempre no um a um, seja proibida de sair à luz do dia, sendo trancafiada dentro da armadura de mulher feminina.

A feminilidade, nesse sentido, serve também para obturar a angústia e a repressão interna, afinal, porque tantas mulheres engolem que precisam ser boas, mas não demais, para não ameaçarem os homens? Nesse aspecto, encontramos a maior cúmplice da opressão feminina: a culpa por ser quem é.

Nos capítulos a seguir mostrarei como toda a culpa que as mulheres sentem não parece estar associada ao erro cometido, mas à exigência de boa menina que é transmitida de geração em geração. A "boa menina" cresce se esforçando para mostrar o seu valor, e mesmo fazendo de tudo para ser boa, é tomada por culpa, síndrome da impostora, insegurança e toda a sorte de punição e autossabotagem toda vez que se destaca, que se arrisca a desejar, que conquista, condenada pelo "modelo de feminilidade" que deve ser obedecido.

Para entendermos tais aspectos de desejo, feminilidade, culpa, medo e abandono, usarei da ideia freudiana de desamparo fundamental e da teoria kleiniana a respeito de culpa e reparação, dando uma atenção especial à relação de mãe e filha na fase pré-edipiana, na qual o Outro materno, como mãe fálica, aliena o desejo da menina.

É mister dizer ao leitor que a alienação a que me refiro está relacionada aos primeiros estágios do bebê, quando ele está completamente à mercê dos cuidados maternos e dependente de todas as suas interpretações e desejos. Na obra de Freud, esse conceito pode ser encontrado na ideia de desamparo. Para ele, com o nascimento, o bebê humano, sem dúvida, depende daqueles que cuidam dele e por isso encontra-se totalmente vulnerável, e por mais que não se lembre verdadeiramente desses momentos, ele deixa traços no adulto vindo, eventualmente, a influenciar seu presente e sua forma de relacionar-se consigo, com o outro e com sua própria historia.

Aqui, uso o conceito de Outro materno, com letra maiúscula, para falar da figura materna,[1] que não só cuida do bebê, mas o insere no mundo, em uma transferência inconsciente, na qual coisas não ditas são as mais importantes, em que se marca muito mais o que a figura cuidadora é do que o que ela fala ou ensina de forma consciente. Muitas vezes, aquilo que se transmite de mãe (ou equivalente) para filhos são ditos, atos, caras e bocas dos quais eles sequer têm ideia. E, assim, somos feitos de muitas gerações, pois mesmo o que não se diz de uma geração para a outra, transmite-se de modo inconsciente. "O que chega a ele – o bebê – é um conjunto de marcas materiais e simbólicas – significantes – introduzidas pelo Outro materno, que suscitarão, no corpo do bebê, um ato de resposta que se chama de sujeito".[2]

E se meninos e meninas passam por isso, a menina encontra um desafio à parte, a problemática na separação entre a mãe e filha, pois como a menina

> [...] constrói seu self mirando-se nos olhos da mãe e em interação com o corpo materno. Suas primeiras experiências, suas impressões iniciais de um corpo feminino e da feminilidade são totalmente dependentes da qualidade do relacionamento mãe-filha. Em termos psicanalíticos, a primeira realidade de uma menina é o inconsciente da mãe.[3]

Como Freud[4] diz, na consideração de que a mãe é uma mulher, a feminilidade de uma mulher é tecida na relação entre mãe e filha, tendo esta muita projeção e expectativas. Sendo assim, a construção da identidade de uma filha é uma delicada e intrínseca mistura de compartilhamentos e percepções em

---

[1] Que não necessariamente é uma mulher, mas conforme a nossa sociedade é estruturada, é função exercida em maioria por mulheres.
[2] ELIA, Luciano. O conceito de sujeito. Rio de Janeiro: Jorge Zahar, 2004. (Coleção Psicanálise Passo a Passo, v. 50).
[3] KLOCKARS, Leena & SIROLA, Riitta. The mother-daughter love affair across the generations. In: The pschoanalytic study of the child., v. 56, p. 219-237, 2001.
[4] Ideia trabalhada por Freud em nos textos presentes em Sexualidade feminina [1932]. FREUD, S. Obras psicológicas completas. Rio de Janeiro: Imago, 1996. p. 231-251. v. XIX.

relação à sua mãe. E uma vez que sua mãe também é uma filha, essas relações apresentam-se instáveis, frágeis, e com potências e sentimentos ambíguos.

E além de toda complexidade por essa relação tecer-se por meio de uma educação dentro de um modelo patriarcal, a relação de mãe e filha passa pela misoginia, em que a mãe projeta em sua filha todas as suas incompletudes e dores enquanto mulher, ao mesmo tempo em que espera que ela não viva as experiências que viveu, assim como a filha vê em sua mãe os obstáculos e as dores que também enfrenta, o que a faz sentir-se prejudicada enquanto mulher. E isso gera um enorme conflito.

Se, de um lado, essa mãe vê-se em sua filha, por isso as cobranças, do outro ela espera que a filha faça diferente. Porém, pela limitação vivida há uma descrença, assim como há um remorso comum em filhas adultas, que tentam, de alguma forma, encobrir com toda uma vida ofertada à mãe, mantendo-se presa ao corpo e à forma de gozar da mãe; ou seja, vivem numa re-petição[5], enviando novamente de forma devastadora o mesmo pedido de amor não atendido. Até porque o amor de mãe é paradoxal como qualquer outro, por isso não é isento de contradições.

Mesmo uma mãe sendo amorosa, ela terá sentimentos ambivalentes; mesmo quando deseja que suas filhas tenham uma vida melhor, ainda sim ela transfere para elas as privações vividas. Por isso uma das coisas mais importantes para a autoestima de uma mulher é conseguir humanizar a própria mãe, enxergando que ela é também só uma mulher. Uma mulher como qualquer outra. Inclusive, uma mulher como ela mesma.

É preciso deixar cair o ideal materno, encarar o remorso por ela não ter dado uma versão completa do ser mulher, e sustentar a perda, mesmo com a solidão intrínseca nela embutida. O que não acontece de bom grado, afinal, se a separação, por um lado,

---

[5] Utilizo o hífen para separar a palavra repetição para me referir a repetição como um ato de petição que se repete, petição segundo o dicionário *Oxford Languages and Google* significa o ato de pedir, um requerimento a uma autoridade. Sendo assim, em minha análise, a repetição uma forma de endereçar novamente o mesmo pedido a uma figura de autoridade, nesse caso, a figura materna, ou quem exerce igual função.

permite à mulher desligar-se da submissão ao Outro materno, por outro inaugura a falta encontrada no Outro,[6] e a falta que se localiza em si própria.

Desse modo, a separação do Outro materno coloca-nos frente à frente à frustração. A mãe não será esse Outro que irá nos suprir, pois não é capaz de suprir todas as demandas e as necessidades, pois, no melhor dos cenários, deixará a desejar. Assim como as filhas não são "vossa majestadezinha",[7] o objeto absoluto que satisfará essa mãe.

Para melhor compreensão desse enlace, retomarei Freud, em *Introdução ao narcisismo,* e Melanie Klein, em *Culpa e reparação,* para que seja possível ao leitor entender como o desamparo fundamental proposto por Freud está ainda mais posto na vida adulta da menina por não construírem bases internas para lidar com tais conflitos psíquicos primitivos, principalmente pela dificuldade maior que ela tem em desalienar-se do desejo do Outro materno, e compreender como o processo de reparação para as meninas é mais complexo, como mostra Melanie Klein.

Assim, nos capítulos seguintes mostrarei que, por conta da misoginia, a menina acaba sendo prejudicada enquanto mulher, não apenas pela complexidade dos processos psíquicos, mas por não encontrarem subsídios para construírem segurança para fazer a reparação; desse modo, vivem em culpa, lançada apenas contra si mesma, pois na socialização feminina, dentro do sistema patriarcal, meninas não podem nem assumir que têm agressividade e mulheres só se deixam expressar raiva contra si e contra os filhos, principalmente nas filhas, o que gera uma enorme insegurança, visto que a segurança necessária para fazer um sujeito autônomo falha. A culpa, então, instala-se dentro delas de forma devastadora.

---

[6] Ou seja, a mãe não é fálica, não é toda poderosa, é apenas uma mulher como outra qualquer, inclusive como a filha.

[7] Em *Introdução ao Narcisismo,* trabalho de Freud de 1914, o autor refere-se à *criança* como sendo "his majesty – the *baby*".

Uma hipótese que aqui levanto é que como tentativa de resolução, a mulher encontra um objeto para deslocar essa demanda, as relações amorosas, geralmente esperando de um homem a segurança que não construíram. Isso faz com que, para as mulheres, o amor fique condicionado à concepção de que ela tem que ser boazinha, um falso self que se submete completamente à demanda do Outro, abrindo mão do próprio gesto criativo, pois devem agir de acordo com o que é esperado.

Os efeitos disso são percebidos todos os dias na clínica: mulheres que passaram a vida toda sendo educadas a buscarem um homem, a fazer com que o príncipe escolha-as e ame-as, na tentativa de fugir da insegurança interna, do vazio existencial de não saber o que é ser mulher, por não ter bases identitárias em si, o que encontra potencializadores materiais na violência masculina estrutural. Quanto mais esforço tiver sido feito para construir e manter os relacionamentos com os homens, menor a probabilidade de afastarmo-nos da ideia de que precisamos de um relacionamento amoroso com um homem para viver. Isso se dá porque nós, mulheres, enquanto grupo, experimentamos nosso senso de si pelo olhar masculino, então, sem homens, não saberíamos quem somos. E por isso as mulheres acreditam que sem homem a vida não vale a pena.

É visível como mulheres adotam a perspectiva masculina até quando isso vai contra seus próprios interesses. E quanto mais se definem com base nos relacionamentos com homens, mais se sentem perdidas sem eles. Não à toa, a maioria das mulheres relatam sentirem-se vazias quando passam por períodos em que não há um homem em suas vidas. Isso aponta como a profundidade desse vazio é fruto da ausência de senso de si nas mulheres e a dependência do olhar masculino.

Então proponho aqui refletir acerca dos fatores que deixam as mulheres desesperadas por um relacionamento e a problemática narcísica de ter um amor ideal tal qual os contos de fadas para inocentar-se dos próprios movimentos frente à vida.

A necessidade de aprovação não é sobre sua preocupação em agradar o outro, é sobre sua necessidade de receber aplausos e recompensas. Quem vive tentando agradar o outro, o faz por si mesmo.

SOMOS FEITOS
DE MUITAS GERAÇÕES

> *"Quando, na solidão, sonhando mais longamente, vamos para longe do presente viver os tempos da primeira vida, vários rostos de criança vêm ao nosso encontro. Fomos muitos na vida ensaiada, na nossa vida primitiva. Somente pela narração dos outros é que conhecemos nossa unidade. No fio de nossa história contada pelos outros, acabamos, ano após ano, por parecer-nos com nós mesmos. Reunimos todos os seres em torno da unidade do nosso nome.*
>
> *(A poética do devaneio, Gaston Bachelard)*

Ser você mesmo não é algo tão fácil assim quando se é feito de restos e rastros do desejo do Outro. Nossa história começa com o Outro que nos atribui um nome e nos marca com significantes sob dos quais construímos nossa autoimagem. Alguém só existe porque um outro desejou essa existência. Assim, em um primeiro momento, sem o Outro, somos nada; É na relação com o Outro que nos constituímos psiquicamente. Para tornarmo-nos humanos, é necessário que Outro humano, detentor e representante da cultura, por meio da linguagem, introduza-nos no mundo, pois, diferente do mundo animal, não temos o destino traçado por nossos instintos. Dessa maneira, "o sujeito é constituído pela palavra que vem do outro. Assim sendo, não se sustenta a oposição entre interno e externo, entre indivíduo e sociedade".[8]

Quem te ensinou o que é ser mulher? Quem te ensinou sobre amor, respeito e merecimento? Quem e quais são suas referências? Seus mestres? Suas inspirações? Quem te ensinou ou ensina algo sobre o mundo? Somos feitos de muitas gerações,

---
[8] RIBEIRO, Maria Anita Carneiro. *A neurose obsessiva*. 3. ed. Rio de Janeiro: Zahar, 2021.

e aquilo que não se diz de uma geração para a outra é transmitido de modo inconsciente. E entre a mãe e a filha existe todo um mundo, e é ele, o mundo, o que mais me interessa aqui. Mas vamos por parte. Vamos entender essas marcas que ficam de geração em geração primeiro.

Aprendemos sobre o amor essencialmente na nossa infância. E por isso a maior parte de nós passa a vida buscando repetir em nossas relações adultas tudo o que a gente aprendeu sobre amor lá na infância. Podemos dizer que esse é o piloto automático. Isso se dá porque nossa vida adulta nem sempre é tão adulta quanto parece: ela é influenciada por fragmentos e vestígios da infância. E como aprendemos sobre amor numa dinâmica de trauma, tendemos a reproduzir isso na vida adulta sem nos darmos conta, o que leva a confundir o amor da sua vida com repetições de lugares infantis. Por isso tanto sofrimento.

Mas se engana quem pensa que trauma é um grande evento, porque a vida é traumática, a infância é traumática, o nascimento é traumático – a vida neste mundo começa com nós sendo arrancados de um lugar quentinho, suficiente, que nos provia e nos protegia de tudo. Claro que isso nos marca, e que bom, porque talvez o pior que possa se fazer a uma criança é tentar privá-la de todos os traumas. Algumas mães tentam e acabam por engolir a criança, ou prendê-la para sempre em si mesma. Os traumas é o que possibilitam o desejo fluir, o sujeito advir, mas é preciso superá-los, caso contrário fica-se preso a eles não como pulsão de vida, mas de morte.

Vamos ver ao decorrer deste livro que os traumas são importantíssimo. Claro que isso não quer dizer que é para sair traumatizando deliberadamente uma criança, porque isso também dificulta e a construção de relações na vida adulta, não só com o outro, mas principalmente consigo mesmo. O que quero apontar aqui é que mesmo se você tiver sido educada, criada e crescido em um lar amoroso, respeitoso e que validava suas emoções, necessidades e sentimentos, você terá traumas, afinal, ninguém sai ileso da família; alguns saem arruinados, outros fortalecidos;

alguns crescem em ninhos que proporcionam segurança para o voo, outros crescem em gaiolas, prisões emocionais e financeiras, com pais que não permitem que os filhos alcem voo, porque eles realmente lhes cortam as asinhas. A história que nos antecede influencia a nossa vida; algumas serão combustíveis potentes, outras atrasam e dificultam a jornada, mas, de toda forma, elas não precisam ser condenação.

Digo tudo isso porque desejo iniciar este livro convocando-nos a olhar para a nossa insignificância, para o fato de que não somos tão racionais e donos da nossa vida e das nossas escolhas, que não somos bem o que achamos que somos e que não queremos o que achamos que queremos. Parece doloroso pensar sobre isso, mas Freud deu-se conta disso e nos diz que o Eu não é senhor da própria casa. O apóstolo Paulo diz que o bem que quero fazer, esse não o faço, mas o mal que não quero fazer, esse repetidamente faço.[9]

Todas essas ideias constatam a existência do inconsciente em nós. Muito se fala dele, mas me refiro aqui ao inconsciente freudiano, que não é um arquivo morto, mas é o desconhecido, Lacan associa o inconsciente à maneira do escravo mensageiro do uso antigo. Para quem não sabe do que se trata, nos tempos antigos escrevia-se na nuca do escravo um dizer endereçado ao outro em linguagem desconhecida por quem a portava. O portador da mensagem, apesar de ser marcado por ela, não sabia decifrá-la, tanto por estar em linguagem estrangeira quanto por estar em um lugar de difícil acesso. Assim é o inconsciente. Mais do que seres falantes, somos seres falados; antes mesmo de nascermos fomos falados, alguns bem-ditos, outros malditos. E, assim, ficamos marcados por uma linguagem estrangeira a nós, que fala em nós.

Mas não pense ser o inconsciente um terreno obscuro ou místico. Costumamos achar que o inconsciente é a nossa parte obscura; pelo contrário, ele está escancarado em nossas

---

[9] Apóstolo Paulo no Livro de Romanos 7: 19-20.

atitudes. O inconsciente é o nosso próprio Eu em ato. Lacan diz, então, que o inconsciente é o discurso do Outro, mas o que ele quer dizer com isso? Que há rastros do outro que fala através de nós, que se infiltra no nosso discurso, nas nossas opiniões e, principalmente, nas nossas escolhas. E isso incluí não só nossa família, mas a cultura.

Nesse ponto é importante considerarmos que o ser pessoa em nossa cultura é entendido como ser homem ou mulher, e, assim, o "gênero é um poderoso determinante social que deveria ser levado em consideração nas análises e compreensão dos processos de saúde mental pelo mundo".[10] Antes mesmo de nascermos, somos idealizados. E isso inclui o desejo por meninas ou meninos. Qual seria a função dos chás-revelação? Desde as ultrassonografias, que nos afirmam que somos mulheres, aos chás-revelação, no momento em que é constatado que somos fêmeas, o mundo cor-de-rosa já começa a influenciar nos limites que devemos seguir. O nome por si só já é imbuído de sentido, de significados e de cobranças. Sem isso não sobreviveríamos, afinal, precisamos desse investimento desde a gestação para que nasçamos e sobrevivamos aos primeiros anos de vida.

Mas o capitalismo também está nas relações, então existe um preço embutido, desde o nome que recebemos. E, assim, o que foi idealizado, seja para nós ou para os pais, retorna como expectativas, até mesmo exigências, que atravessam o nosso eu, aparecendo como culpa, a culpa de não dar conta de sustentar o peso do ideal do eu, produzido pelo Outro em nós.

Os pais esperam – e alguns até exigem –, gratidão de seus filhos, agem como agiotas emocionais. Eles até investem o capital, mas esperam receber os juros depois. [11]E em nossa dimensão narcísica somos lançados a tentar corresponder, criando uma armadura que, muitas vezes, vira autossabotagem, na tentativa

---

[10] ZANELLO, Valeska. *Saúde mental, gênero e dispositivos*: cultura e processos de subjetivação. 1. ed. Curitiba: Appris, 2018.

[11] KAFKA, Franz. Diários: 1909-1923. Ed. Todavia. 2021 São Paulo. 576p.

de manter intacta a imagem ideal. Mesmo que cause dor, prejuízo, sofrimento, nunca mantemos um comportamento por fruto do acaso, ele tem um ganho, ainda que secundário. Fugimos dos nossos próprios desejos e anulamos a nossa potência mesmo que isso gere sofrimento e dor porque os desejos são facilmente tolerados na fantasia, nas formações reativas, mas são ardentemente rejeitados e reprimidos quando se aproximam da realidade. É o que atesta a psicanálise: gozamos na própria desgraça.

Isso se dá porque o sujeito tem medo de perder o amor do outro, então renuncia à sua satisfação, foge do seu desejo, o que gera agressividade, que não encontra outro caminho senão o próprio eu para ser castigado. Assim, superego e amor estão ligados, afinal, é pelo medo da perda do amor que renunciamos. E esse superego é voraz, nunca se satisfaz, ele quer sempre mais. E seguimos repetindo, num ganho narcísico, baseado no narcisismo infantil, que nada tem a ver com patologia. Segundo o pensamento freudiano, seria o apego à idealização, mais especificamente, o ideal do eu que você gostaria de ser. Na fantasia de que se fosse, seus pais teriam te amado incondicionalmente, sem falhas, sem traumas, sem vazio. O nosso narcisismo leva-nos a afogar-nos, assim como Narciso, em nossa própria adoração do ideal do eu, na fuga do que a realidade escancara: somos falhos, faltantes, incompletos e imperfeitos.

O narcisismo não produz só pessoas manipuladoras, mas culpadas. Culpadas. Um lugar comumente atribuído às mulheres. Como disse, essa marca não é apenas individual, dentro do seio da nossa família, mas também cultural. Pense como mulheres costumam fazer tudo para o outro; fazem mil coisas dizendo que é para o bem de todos, mas, no fundo, é para sustentar a imagem narcísica de boazinha, de perfeita. Imagem essa que parte muito da percepção e da idealização dos nossos pais e cuidadores.

Grande parte das culpas que sentimos são narcísicas. Quando nos sentimos culpados por não atender às demandas alheias, chega a doer e a dar desespero algumas vezes. Não que o desespero não seja real. Ele é, mas a posição em que nos colocamos é a tentativa de ser o que o outro deseja como garantia de não ser abandonada, por isso a rejeição dói tanto. Queremos ser o complemento do outro, ser insubstituível. E no caso das mulheres, queremos existir.

Talvez você esteja se perguntando: então a culpa é dos meus pais? De forma alguma. Mas já percebeu como suas relações e suas reclamações têm um ponto em comum que se repete? O ponto não é perguntar por que acontecem determinadas coisas, mas tomar coragem de se perguntar por que você vai sempre pelo mesmo caminho. Estamos falando aqui de um processo inconsciente, a busca por uma satisfação que ficou suspensa, algo que não foi elaborado ou um desejo não realizado. Você repete sistematicamente na tentativa de elaborar a situação anterior. Porque quando tentamos jogar pra "debaixo do tapete" fatos indesejáveis aos olhos do Eu, verdades que desmentem nossa versão idealizada, só resta ao reprimido apresentar-se pessoalmente, sob forma de repetição.[12]

Freud diz que quando não recordamos o que esquecemos, nós o expressamos pela atuação, não como lembrança, mas como ações que se repetem. E suas relações são reflexo disso, é isso que você busca em seus relacionamentos, mesmo que não tenha consciência. Essas feridas aparecem nas relações com o outro e consigo mesmo, é como se a angústia virasse quem somos, bem como a solidão e uma dor que vai além do momento. Por isso não podemos pensar o sujeito fora do meio em que está inserido ou alheio à sua história, assim como não podemos simplesmente individualizar um sofrimento culpabilizando o sujeito e colocando exclusivamente em suas mãos as razões por ter chegado até aquele ponto.

Precisamos responsabilizarmo-nos. E, aqui, aponto como a responsabilidade não é sinônimo de culpa. A responsabilidade

---

[12] Rosa, Miriam Debieux. Histórias que não contam: *o não dito e a psicanálise com crianças e adolescentes*. Cabral Editora Universitária, Taubaté. SP. 2000

convoca-nos a olharmos para o que nos aconteceu não como vítimas passivas, mas como cúmplices. Somente assim é possível fazer algo, pois na culpa não há movimento, pelo contrário, há um lugar de castigo paralisante.

Gosto sempre de usar o exemplo de cozinhar algo para pensar na culpa x responsabilidade. Pense no seguinte: você resolve fazer uma receita e ela fica péssima. Culpando-se, você começa a se xingar, diz que não presta para nada, que não sabe nem fazer uma comida; você não analisa a situação. É como se nada pudesse ser feito, você veste a culpa como se fosse você mesmo. Já na responsabilidade você analisa: o que foi que eu fiz de errado? Pode ser que, ao analisar, você perceba que errou o ingrediente, que faltou alguma coisa ou que um item estava vencido; ou foi a panela, o fogo, o tempo, foi excesso disso ou daquilo. E, assim, você pode tentar de novo, de outro jeito, analisando os processos. Veja que na responsabilidade somos convocados ao movimento.

Na vida também recebemos uma receita, uma marca da nossa família de como ela deveria ser. Porém essa receita nunca sai como esperavam, e se você não conseguir responsabilizar-se por ela, entendendo que é uma herança da qual você precisa apropriar-se, você estará para sempre no lugar de incapaz de ser o que seus pais sonharam, será sempre uma grande fracassada.

Talvez, hoje, você esteja insistindo em uma receita de algo que você nem ao menos gosta, mas se você tentar de outra forma terá que assumir esse desejo, e como disse anteriormente, fugimos dos nossos desejos pelo medo de perdermos o amor. Há quem, com tanto medo da perda do lugar dado pela família e com o vazio que tal perda revela, ocupa-se com a culpa.

Como vamos vencer uma batalha se não sabemos contra quem estamos lutando, não é mesmo? Apropriar-se da própria história é implicar-se e responsabilizar-se por ela. Isso exige que desenvolvamos autonomia, uma forma nova de fazer a receita, o que pede uma boa dose de criatividade e coragem. Por isso eu digo que lidar com essas marcas envolve trabalhar a autonomia, a responsabilidade e a criatividade.

Então, sim, a nossa forma de relacionarmo-nos é moldada desde que éramos crianças – a vida adulta é uma enorme repetição. Ignorar essas influências é tentar mascarar onde verdadeiramente dói. E fixar-se nesse lugar como condenação é uma fuga sadomasoquista da própria existência.

Não há como simplesmente varrer para debaixo do tapete, a ferida vai continuar pulsando até que a visualizemos para, a partir daí, começar o processo de cicatrização. No final das contas, o desafio não é se conhecer, é ser. Ser quem é, com as dores e delícias, fazendo algo do que fizeram de você, como uma reciclagem, pois só assim é possível.

Se pelas palavras fomos ditos, bem ou malditos, se pelas palavras sofremos e amamos, será também por meio delas que construiremos novas formas de amar e sofrer. Sim, sofrer, porque a vida é sofrer também, o que não significa que seja sempre doer; há momentos que será sofrer processos, mudanças e transformações.

E já te adianto que este livro é uma enorme cutucada na ferida, um convite a retirar-se da posição de boazinha. E há de saber perder. Afinal, quem não aprende a perder não elabora nunca o próprio nascimento, fica ali, presa numa eterna tentativa de retornar ao útero. Um lugar onde um outro te supre em tudo, onde você pode até se sentir seguro, mas não tem nem o direito de respirar.

" Algumas famílias são agiotas emocionais. Eles até investem tempo e amor, mas esperam receber com juros depois. São famílias que impedem os filhos de construírem sua própria visão de mundo. Bancar o próprio desejo nesse contexto implica em suportar desagradar e trair a repetição familiar.

TUDO QUE FAZEMOS OU DEIXAMOS DE FAZER TEM A VER COM NOSSA NECESSIDADE DE SERMOS AMADOS E O MEDO DE SERMOS REJEITADOS

Por princípio, a gente deve desconfiar das coisas que nos fazem felizes. Precisamos aprender a rir delas; se não, elas acabam rindo de nós.

(Gabriel García Marquez)

Nossa chegada é marcada pelo desamparo. Precisamos do outro, do amor dele, do seu leite, da sua decisão, da sua escolha, do seu corpo, do seu desejo, de suportes para que esse desamparo não nos consuma e consigamos ser ligados à vida, a nós mesmos e a outras pessoas. E estou dizendo isso porque a psicanálise ensina-nos que aquilo que vivemos não vai embora de nós, apenas se altera com novidades que vão chegando; porém isso não significa que deixa de nos habitar. Assim, podemos pensar que essa vivência de desamparo segue nos habitando, e talvez por isso nada seja mais humano do que o medo de perder o amor do outro.

Nossa primeira tarefa na vida é receber amor do outro para, em seguida, identificarmo-nos com o lugar de objeto precioso ao outro e passarmos, então, a amar-nos também. Por isso nossas primeiras experiências de amor são irremediáveis, não no sentido de que elas sejam nosso destino e nossa condenação, mas no sentido de que ninguém sai imune à sua família. O lugar que ocupamos mais ou menos precioso para alguém servirá como bússola para nossas escolhas adultas, que são sempre menos adultas do que presumimos, estão sempre cheias de restos e rastros da infância. E é essa primeira relação amorosa que Freud chamou de narcisismo primário.

Ana Suy nos diz que

> [...] o bebê humano nasce pronto para morrer. Nasceu? Deixa ali que já morre. Porque o filhotinho humano é tão frágil, que para sobrevivermos foi necessário que alguém nos adotasse, nos acolhesse, e decidisse que, no que depender dela, a gente vai morrer sim, mas que vai demorar o máximo possível. Por isso não temos opção quando nascemos, ou alguém cuida de nós, ou não há vida.[13]

---

[13] SUY, Ana. *A gente mira no amor e acerta na solidão*. São Paulo: Planeta do Brasil, 2022.

> Há pessoas que se mantêm num limbo entre rejeitar os ideais dos pais e se sentir culpado por isso. Acreditam que desfrutar da própria vida é trair os pais. Mas é exatamente isso que elas precisam suportar ser: aquele que trai a dor que se arrasta geração após geração na família.

SEM O AMOR DO OUTRO EU MORRO: O DESEMPARO FREUDIANO

> *É o amor que nos humaniza e nos civiliza. Sabe-se que um bebê não vive se não for amado por alguém*
>
> (Ana Suy)

Freud relata que o recém-nascido precisa de ajuda alheia para sua sobrevivência. Assim, o sentimento de desamparo[14] já seria sentido pela criança logo ao nascer.

Em sua essência, o desamparo indica o sentimento de medo de abandono, que é experimentado na descoberta do Eu do indivíduo com o mundo. Para Freud, esse é o grande drama do ser humano: nascemos prematuros demais, não damos conta de sobreviver sem um Outro que nos cuide, alimente-nos e dirija-se às nossas necessidades, que, no primeiro momento, são essenciais para a sobrevivência.

Freud diz, então, que temos um desamparo fundamental, que não se vai completamente, mesmo quando chegamos à fase adulta. Ele apenas se altera segundo as experiências vividas, podendo ser essas mais ou menos seguras, deixando restos e rastros que marcam durante toda nossa vida as nossas relações amorosas. E isso ocorre porque a experiência intrauterina do bebê humano

> [...] parece relativamente abreviada em comparação com a da maioria dos animais; ele está menos acabado do que estes quando vem ao mundo. Por este facto, a influência do mundo exterior é reforçada, [...] a importância dos perigos do mundo exterior é exagerada e o objecto, que é o único que pode

---

[14] A palavra desamparo foi usada nos escritos freudianos em 1895, em *Projeto para uma psicologia científica*, para dizer da total dependência que o bebê humano nasce.

proteger contra estes perigos e substituir a vida intrauterina, vê o seu valor enormemente aumentado. Este factor biológico estabelece, pois, as primeiras situações de perigo e cria a necessidade de ser amado, que nunca mais abandonará o homem.[15]

Assim, a comunicação, que ocorre e que se estabelece entre o bebê e a figura que desempenha o papel de cuidador, em nossa sociedade comumente desempenhado pela mãe, é de extrema importância para o desenvolvimento emocional do bebê.

Desse modo, todo indivíduo, ao longo de seu desenvolvimento, construirá um conceito de si pelo contato e pelas interações com o meio e de como o Outro recebe-o e reage às suas manifestações no decorrer de sua história de vida. Ou seja, desde o início de seu desenvolvimento, o indivíduo procura no laço social a satisfação de suas necessidades. E as respostas que ele recebe serão a base do seu autoconceito e da formação de suas habilidades sociais.

As maneiras de compreender um filho são transmitidas pela interação interpessoal e, é claro, assimiladas pelo filho de maneiras únicas e criativas. E se o filho for uma menina e a mãe for mulher, toda a história carregada e os significados da feminilidade como realidade social e psicológica estão presentes na combinação. [16]Dessa forma, necessidades amorosamente atendidas formarão uma base para interações sociais mais seguras e confiáveis, enquanto as privações sofridas, as negligências e as inseguranças, juntamente às sistemáticas desqualificações ao longo da vida, podem minar a autoconfiança e contribuir para a formação de uma imagem distorcida de si e do mundo.

A expressão "Sua majestade, o bebê" é uma referência de Freud para situar a criança, seu lugar e seu valor na estru-

---

[15] LAPLANCHE, J.; PONTALIS, J. B. *Vocabulário de psicanálise*. 2. ed. Santos: Martins Fontes, 1970, p. 157.

[16] HARRIS, Adrienne. Inveja feminina: exploração preliminar. *Ide*, São Paulo, v. 40, n. 65, p. 13-22, jun. 2018. Disponível em http://pepsic.bvsalud.org/scielo.php?script=sci_arttext&pid=S0101-31062018000100002&lng=pt&nrm=iso. Acesso em: 28 mar. 2023.

tura familiar. Ele explica esse termo baseado nas relações entre pais e filhos segundo ideais – o amor dos pais, tão incondicional e, no fundo, tão infantil, que, na verdade, nada mais é senão o narcisismo dos pais renascido, transformado em amor objetal que, inequivocadamente, revela sua natureza anterior. Isto é, é a revivescência e a reprodução do narcisismo dos pais que há muito tempo tinham abandonado. Agora, com seu bebê, eles têm a oportunidade de renovarem seus planos aos quais foram forçados a renunciar. Por isso Freud aponta que os pais amarão nos filhos suas próprias imagens idealizadas e tenderão a esperar que eles consertem suas histórias, restabeleçam suas frustrações e satisfaçam os desejos não alcançados. E é a partir desse movimento que podemos construir nosso psiquismo e caminhar rumo ao narcisismo primário.

A figura materna tem, então, papel fundamental no desenvolvimento emocional do bebê em relação ao seu mundo interno e externo. A mãe funciona como intérprete de suas necessidades, ansiedades e sensações. Portanto a mãe usa as informações que são manifestadas pelo bebê e passa a traduzi-las, devolvendo-as de forma interpretativa. Logo, uma boa relação e uma boa comunicação fazem o bebê sentir amparado-se. De forma contrária, quando a mãe não consegue ou não deseja perceber as necessidades do bebê, ele pode cair em estado de desamparo psíquico. Vale ressaltar que o estado de desamparo, correlativo à total dependência da criança humana em relação à mãe, implica em sua onipotência. O que Lacan denomina de Outro materno.

O Outro materno é aquele que não só cuida do bebê, mas o insere no mundo, em uma transferência inconsciente. Como disse anteriormente, Lacan faz uma associação com o escravo mensageiro, que carrega uma mensagem em um idioma desconhecido marcada nele. Na transferência há ditos, atos, caras e bocas dos quais pais e filhos nem sequer têm ideia. E em uma situação de total desamparo e dependência, acatamos, aceitamos, temos o nosso corpo infantil atravessado por falas, desejos, afetos, símbolos, superstições, costumes e, como veremos mais à frente, os papéis de gênero.

De acordo com Freud, a criança teme perder seu protetor, aquele que a livra dos desamparos psíquico e físico. Ela depende da ajuda do outro para sua própria sobrevivência. É importante destacar a profundidade desse aspecto e como ele relaciona-se com a maneira de as mulheres sentirem-se desesperadas por alguém que as ame, nesse caso, o homem, aquele que foi colocado na posição de poder e que teria o direito de desfrutar a vida.

Apoio essa ideia com a proposta de Freud de que se o desamparo está associado ao medo de perder o amor daquele que ocupa a função de cuidador e protetor devido a dependência do recém-nascido, o maior perigo é ser abandonado, deixado à própria sorte e ao próprio desamparo. Por isso, sob ameaça ou constatação de perdermos o amor do outro, surge a angústia da separação. Não são os homens colocados neste lugar de protetor e as mulheres no lugar de quem precisa ser protegida e provida, como um bebê que não consegue se sustentar?

Percebemos, então, que o desejo do Outro de que existamos está ligado à nossa carne, afinal, viemos de outro ser, completamente desamparados e necessitando de cuidados. Por isso a nossa noção de quem somos é construída na infância com base no lugar que o Outro nos oferece: seu corpo, seu desejo, seu amor. Os pais, assim, amam seus filhos na esperança que sejam uma versão aprimorada de si mesmos, idealizando a vida dessa criança baseados em suas próprias frustrações, levando a criança a sentir-se como o objeto capaz de satisfazer os pais. No entanto, para que essa criança se desenvolva e construa sua noção de Eu, é necessário que o narcisismo seja frustrado, que o amor materno deixe a desejar. É preciso que essa figura de cuidado seja suficientemente boa, não excessivamente sufocante, nem insuficientemente desamparada. Melanie Klein ajudar-nos-á a entender melhor a importância do apoio e da frustração.

> A gente só existe porque alguém desejou nossa existência. Por isso, a nossa noção de quem somos é construída com base no lugar que o Outro nos ofereceu na infância.

CULPA, UM SUBSTANTIVO FEMININO: REVISITANDO A TEORIA DE MELANIE KLEIN

"Somos criadas desde meninas para ter nosso valor atrelado à percepção das outras pessoas sobre nós. O autovalor da menina nunca é incentivado, reconhecido para além dela agradar ou facilitar a vida dos outros. E ainda nos perguntamos o motivo de tanta ansiedade e culpa".

(Thaís Basile)

Em sua prática clínica com bebês, a psicanalista Melanie Klein observou que a agressividade está presente desde os estágios iniciais da vida e é direcionada à figura cuidadora quando esta começa a não estar completamente disponível para atender às necessidades do bebê. Isso não implica que a mãe não tenha sido boa, pois, como Freud indicou, devido à nossa grande demanda por amor, mesmo crianças que tenham recebido amor, cuidado e atenção podem experimentar sentimentos contraditórios em relação à figura materna.

Portanto, como disse anteriormente, nascemos em um estado de desamparo e precisamos de cuidado total. Contudo, à medida que os meses passam, por volta dos 3 aos 6 meses, a mãe começa a não estar disponível o tempo todo, o que frustra o bebê. Alguns bebês expressam essa frustração de forma mais agressiva do que outros, de acordo com Klein. Os mais agressivos sentirão mais raiva da ausência materna, que pode ocorrer quando a mãe está ocupada com suas próprias necessidades, como ir ao banheiro, voltar ao trabalho ou colocar a criança para dormir em outro quarto. Essas são nossas primeiras vivências de rejeição, onde a rejeição se refere ao afeto, ao desconforto causado pela nossa posição narcísica de esperar que o outro esteja sempre presente, lendo nossos pensamentos e desejos; atendendo todas as demandas e necessidades, sem deixar nada faltar.

De acordo com Klein[17], em um primeiro momento, devido a um psiquismo ainda muito primitivo, o bebê passa por um processo de clivagem que ela chama de esquizoparanóide. Nesse estágio, o bebê acredita que existem duas mães: uma perfeita, que o satisfaz e lhe proporciona prazer (amamentando, pegando no colo, dando banho, conversando, demonstrando afeto por meio de toque e cuidados em geral) e uma má, que o frustra, ou seja, não está disponível integralmente o tempo todo. À medida que o bebê percebe que a mãe má e a mãe boa são a mesma pessoa, ele experimenta intensa culpa e remorso por ter desejado mal a essa mãe.

Como a criança utiliza mecanismos de defesa primitivos, como projeção e introjeção, para lidar com a angústia, ela projeta para o mundo externo seus sentimentos de raiva e frustração, construindo assim a fantasia de um objeto maligno que a ameaça de fora. Porém, nem tudo é projetado para fora, devido aos mecanismos de defesa da projeção e introjeção; uma parte do objeto maligno permanece no mundo interno da criança, tornando-se um objeto persecutório, e então a criança vivencia uma ameaça também internamente. Isso pode deixar marcas profundas, porque esse objeto mau pode adquirir um aspecto de culpa tão voraz que "ela não consegue, na vida adulta, se apropriar das próprias conquistas. E nesse sentido, toda conquista é invalidada como uma espécie de punição do sujeito contra ele mesmo".[18]

É como se o bebê não reconhecesse como seu os sentimentos agressivos contra a mãe, o que torna tais sentimentos

---

[17] KLEIN, Melanie. (1928). Estágios iniciais do conflito edipiano. *In:* Amor, Culpa e Reparação e outros trabalhos. Rio de Janeiro: Imago, 1996. (Trad. André Cardoso).

[18] ALMEIDA, Alexandre Patrício. O superego arcaico, as redes sociais e sua relação com o burnout na era do cansaço. Revisitando Melanie Klein. São Paulo. 2022. Disponível em: https://pesquisa.bvsalud.org/portal/resource/pt/psa-141277. Acesso em: 30 de julho de 2023.

cindidos, dando a ela um perseguidor interno que a todo momento a lembra de quanto ela não é tão boazinha assim. Que ela também deseja o mal, também inveja, e tem desejos imorais em si. Portanto, podemos pensar que a vivência da perda da fantasia de completude com a mãe gera angústia e, como consequência disso, pode resultar em estados de desamparo emocional, culpa e autopunição.

Quando o sentimento de culpa surge, o que Klein chama de posição depressiva, momento em que aparecem sentimentos ambivalentes na criança e em suas relações com o mundo, ela experimenta medo de perder o objeto amado, em razão de seu ódio e suas pulsões agressivas direcionadas a ele, assim como o receio de que o objeto amado (a mãe) seja destruído, objeto este do qual a criança depende totalmente. A criança se vê então imperfeita e teme que suas imperfeições, ambiguidades e incoerências possam acabar com seu objeto de amor, e que sem ele, ela não sobreviverá.

As primeiras grandes perdas para a criança são então o nascimento e o desmame e, consequentemente, a perda da completude idealizada. A separação e as perdas acabam desencadeando uma reação de luto, acompanhada de tristeza e nostalgia[19]. E durante o processo de desenvolvimento da criança, vários sentimentos e afetos são experimentados devido à separação ou perda, o que significa uma ameaça e desafio em cada etapa vivida.

A construção e a formação de vínculos saudáveis ocorrem à medida que a criança se encontra mais integrada emocionalmente. O Eu já está mais fortalecido, e a ausência do outro já não representa a morte e desintegração do seu Eu. A criança percebe que pode ficar inteira nas relações com o outro e, desse modo, se mantém um certo estado de dependência pelo outro, mas ela sobrevive à ausência sem mergulhar em total desamparo.

---

[19] RESSTEL, C. C. F. P. Desamparo psíquico. In: Desamparo psíquico nos filhos de dekasseguis no retorno ao Brasil [on-line]. São Paulo: Editora Universidade Estadual Paulista "Júlio de Mesquita Filho"; São Paulo: Cultura Acadêmica, 2015. p. 87-104.

É claro que, como a criança está em desenvolvimento, a forma como o infante lida com esse conflito depende do suporte que essa família dá para essa culpa. Famílias que colocam os pais como intocáveis, por exemplo, não darão outro destino para esses sentimentos, senão o próprio eu do sujeito. O que posteriormente será consolidado como o superego tirânico, um objeto persecutório introjetado formando uma instância psíquica cruel e insaciável que nos leva a crer que só merecemos ser amados quando finalmente atingirmos as exigências impossíveis dele.

Dessa maneira, o desfecho desse conflito terá um grande impacto na autoconfiança. Pois é só quando o bebê constrói uma confiança de poder ter sentimentos ambíguos pelos cuidadores, ser imperfeito e mesmo assim não ser abandonado, que pode desenvolver a confiança de que, mesmo quando causa frustrações e erra, pode ser reparado, ter acolhimento ou até mesmo criar outras formas quando reparos não são possíveis.

Conforme nos desenvolvemos como sujeitos, aprendemos a enfrentar frustrações e renunciar ao controle onipotente característico do funcionamento esquizoparanóide descrito por Klein. Porém, Almeida[20] aponta que os processos esquizoides e depressivos, que fazem parte do funcionamento psicológico, são ativados ou não dependendo das situações que surgem na relação do sujeito com o outro e com o mundo. Essa dinâmica persiste ao longo de toda a vida, pois, como mencionado anteriormente, as experiências deixam marcas em nós. Alcançar a posição mais integrada do Eu e ser capaz de elaborar a ausência não significa uma conquista permanente, mas sim um sinal de maturidade que permite lidar com os desafios da vida.

Portanto, podemos perceber que é necessário, sim, que, num primeiro momento, a pessoa que desempenha a função de cuidado supra nossas primeiras necessidades de sobrevivência e para além disso, "lance sobre nós o seu desejo, para que tenhamos base de um vínculo inicial minimamente seguro – minimamente

---

[20] ALMEIDA, 2022.

é singular a cada par mãe-criança - para nos tornarmos seres desejantes."[21] Isso permite que a criança construa um aparelho psíquico operante, de funcionamento maleável, mas é necessário que cuidadores e bebês suportem a incompletude inerente em cada um, para que, então, seja possível lidar e se adaptar às novas condições da vida, tornando os pais cada vez mais dispensáveis e nos tornando sujeitos desejantes. Afinal, se o desejo é próprio do vazio e da falta, só seremos sujeitos desejantes a medida que podemos frustrar demandas do Outro, e não nos perdemos nas demandas de amor não satisfeitas.

E isso só é possível ao vivenciar a frustração dos pais ideais, pois é a partir disso que forjamos sentimentos de independência e força. O que possibilita superar essa posição ressentida. Aqueles que não superam a falta podem se privar da própria vida, desprezando as parcialidades da vida na espera de retornar ao estado fantasioso de completude. Assim, na busca de uma felicidade plena, acabam sendo eternamente infelizes, frustrados e amargos diante da vida. Portanto, para amar, viver e ser feliz, é preciso saber perder.

Afinal, se tivéssemos tudo em nossa mãe suprido, para que olharíamos para o mundo? É preciso fazer da falta uma causa de desejo. Parar de esperar que o Outro enxergue seu valor e lhe dê um lugar no mundo. É encontrando o limite do que pode ou não tolerar dos outros que aprendemos a dispensá-los. E, assim, seguimos e avançamos sem depender do outro. É o movimento de transformar o vazio em falta, em vontade de viver, não em completude. No entanto, isso só é possível ao atravessar a necessidade inicial de ter todo amor do mundo por parte da mamãe, tornando possível satisfazer-se ao encontrar nela um amor que deixa a desejar.

No entanto, é exatamente aí que a menina encontra dificuldade em se equipar para a vida e o amor, com o outro e consigo mesma, porque o campo do amor é inaugurado pela própria

---

[21] ZALCBERG, 2019

frustração da fantasia de amor pleno e completo. No entanto, a menina, por precisar da notícia do que é ser mulher da mãe, e por essa mãe ser mulher dentro de um sistema patriarcal, é percebido em mulheres uma dificuldade muito maior, e às vezes até impossível, de amar e ser amada, que não seja pela via da dependência e o medo do risco do abandono.

E é então nesse momento de passagem do amor de díade à separação entre mãe e bebê que a menina encontra alguns desafios à parte. A criação das meninas dentro do patriarcado torna mais difícil o processo de desidealizar essa criança, pois a educação das meninas é pautada na ideia de serem boazinhas, e que o amor é mérito de serem "boas meninas". A vivência das meninas dentro do patriarcado é marcada pela repressão, uma vez que as mães se enxergam nas filhas, revivendo várias questões inconscientes que irei trabalhar nos capítulos 7 e 8, e são julgadas moralmente pelos comportamentos de suas filhas, cobrando delas na mesma medida, ou pior, do que foram cobradas. E os pais esperam que suas filhas sejam "para casar". Assim, elas são quebradas e diminuídas para se adaptarem ao ideal de "ser boazinhas" na promessa de serem amadas.

E "o preço disso é deixar sua autenticidade, sua raiva justa, e sua essência, abrindo mão de seu potencial criativo para receberem um lugar social."[22] É um treinamento para estarem sempre preocupadas em como mostrar para o outro que são boas o suficiente e merecem o amor deles. O valor feminino, assim, está atrelado à percepção dos outros, "uma vez que toda autovalorização não é incentivada, e pior, elas são levadas a acreditar que não há nada para ser reconhecido além da capacidade de agradar e facilitar a vida dos outros."[23]

Sendo assim, as meninas criam um senso de si mesmas que deve se submeter às necessidades e aos desejos dos outros, o que gera uma enorme insegurança. A segurança necessária para desenvolver um sujeito autônomo e criativo falha. E fica o meca-

---

[22] Thaís Basile via instagram @thaisbasile.psi
[23] *Idem.*

nismo imaturo: agradar, ser boazinha, estar atenta ao outro para sobreviver e silenciar todos os impulsos agressivos e ambíguos.

O que me faz pensar que poucas mulheres realmente nasceram psiquicamente, muitas ainda estão grudadas à mãe em um cordão sufocante. E nesse ponto o conceito de falso self proposto por Winnicott é de grande valia para refletir sobre a enorme angústia, medo e esvaziamento do sentido da vida presente nas mulheres.

O amor para as mulheres parece estar condicionado a ser boazinhas. E como dito no início desse capítulo, o bebê precisa criar bases internas que lhe deem a segurança de que, mesmo que erre, poderá reparar o erro, ou quando não for possível a reparação, que ainda assim será amado e acolhido. No entanto, para as mulheres no patriarcado, o erro jamais é tolerado. A psicóloga Bárbara Laís[24] disse certa vez que errar é humano, mas a desumanização da mulher serve não somente para coloca-la numa posição de submissão e obediência, mas principalmente para não dar a ela a chance de existir como pessoa, porque existir inclui errar. Mulheres jamais podem errar. Porque o erro feminino é fatal, e ele parte dessa lógica de fatalidade, exatamente para pensarmos e repensarmos no quanto não temos o direito de nos sentirmos humanas.

E assim, na ideia de que a menina precisa ser boa moça, uma versão melhorada da mãe e a futura esposa de um homem que a enxergará como boa o suficiente para tal título, elas são deixadas presas ao corpo e à forma de gozo da mãe, inconscientemente se sentindo obrigadas a viver suas histórias consertando as frustrações e desejos não realizados do outro. E sair desse lugar não é fácil, pois na separação da menina, diferente do menino, é preciso, além de deixar cair o ideal materno e perder a posição de sua majestade o bebê, encarar o remorso por não ter recebido uma versão completa do ser mulher e sustentar a perda, mesmo com a solidão intrínseca nela embutida.

---

[24] Via instagram @barbaralais.psicologa

> Nós, mulheres, temos medo de errar porque errar é humano, e nosso lugar no patriarcado é de objetos.

Por isso, acredito ser uma estratégia feminina de sobrevivência construir a imagem de boazinha. Pois se devido ao desamparo, o ser humano atrela o ser amado a uma questão de sobrevivência, a mulher, por ser educada numa ausência de si, acredita ser apenas pela via da aprovação externa sua chance de sobrevivência, principalmente a aprovação vinda de um homem que a escolha e lhe entregue o título que possibilite que ela goze a vida por meio dele que detém o poder e o direito ao desfrute.

Toda essa "exigência de perfeição esconde um sentimento profundo de inadequação."[25] Construímos um ideal, um checklist formado por roupagens imaginárias de exigências impossíveis que acreditamos serem condições para que sejamos dignas de algum espaço em nossa própria vida. Aprendemos, então, a buscar ser amadas nos odiando e nos traindo.

O que gera essa forte sensação de inadequação e busca pela perfeição. Pois na exigência de que sejamos merecedoras do amor, o superego nos leva a sermos perfeitamente culpadas. Porque a cada tentativa de satisfazer tais exigências mais nos tornamos traidoras. Paradoxalmente, quanto mais tentamos responder às exigências do checklist, tentando ser o que achamos que o Outro queria que fôssemos em busca de amor, mais somos culpadas, porque mais desistimos de nós mesmas em busca desse ideal.

É a incoerência de exigir, em nome de um ideal, que sejamos impecáveis, mas ao custo de nossos desejos, o que, segundo Lacan, é a única coisa da qual podemos realmente ser culpadas: trair o nosso desejo.

---

[25] Psicanalista Marina Heldt via instagram @olhod_agua

> Para as mulheres, o amor parece estar sempre condicionado a ser boazinha, rigorosamente falando, tais mulheres amam a si mesmas, com intensidade proporcional ao amor do homem por elas.

O FALSO SELF DE BOAZINHA
A LUZ DE WINNICOTT

Deixamos nossa originalidade pelo caminho ao tentar nos adequar ao que esperam de nós. A busca desesperada pelo amor do outro nos poda e empobrece.

(Marina Heldt)

O conceito de falso self enquanto defesa é observável na clínica, especialmente em alguns pacientes que apresentam uma espécie de queixa sem sentido. São pessoas que dizem como suas vidas são boas, como conquistaram isso e aquilo, como suas família e relações são satisfatórias, mas que, no entanto, sentem alguma angústia para a qual não encontram justificativa, levando uma existência marcada pela insignificância e pelo vazio.

Para Winnicott, enquanto o verdadeiro self é a expressão espontânea do indivíduo, o falso self é uma organização defensiva, que surge quando o ambiente é incapaz de responder ao gesto criativo do bebê. Enquanto defesa, o falso self é uma construção psíquica que se forma principalmente naqueles que adquiriram certa estruturação psíquica baseada em conquistas sociais; como formação acadêmica, exercício profissional eficiente e, tratando-se de mulheres, o casamento.

Quando se percebe com demandas e vontades que não estão de acordo com o que os cuidadores consideram correto, normal e esperado, afirmar seu EU passa a ser algo assustador e ameaçador, levando a uma existência baseada na necessidade de adaptação à realidade externa e que, muitas vezes, anula a expressão do self verdadeiro.

Essa necessidade de adaptação está relacionada à cultura e aos desejos das primeiras figuras de amor. No caso das mulheres, como a sociedade patriarcal cristaliza essa posição ao longo dos anos de desenvolvimento da menina, elas tornam-se grandes carentes da aprovação constante por parte dos outros, alimentando ainda mais o falso self. E essa busca por validação pode se tornar tão intensa que a pessoa perde-se completamente, deixando de lado sua essência verdadeira, pois para que seja possível a expressão do verdadeiro self é necessário que algumas condições tenham sido garantidas desde o início do desenvolvimento.

Bollas[26] destaca dois aspectos fundamentais do verdadeiro self. Um deles diz respeito à questão dele como potencial herdado e o outro à importância da experiência como possibilidade de existência. Aqui, o que quero frisar é o fato de que quando se trata de um potencial, o verdadeiro self não tem forma ou significado a priori, não está estabelecido ao nascimento, no sentido que não é estático; ele "encontra sua expressão nos atos espontâneos".[27]

A forma como se desenvolve a interação entre ambiente-bebê é de total importância na constituição do verdadeiro self, pois essa será a base para que haja forças necessárias e propiciadoras para entrarmos em contato com o verdadeiro self. Ou seja, é por meio da experiência que o potencial herdado ganha contorno e pode emergir, pois o

> [...] self-essência é a presença singular do ser que cada um de nós é; o idioma da nossa personalidade [...] No entanto, o idioma da pessoa não é um texto escondido e enfurnado na biblioteca do inconsciente, esperando por sua divulgação através da palavra. É mais um conjunto de possibilidades pessoais únicas, específicas desse indivíduo e sujeitas, em suas articulações à natureza da experiência vivida no mundo real.[28]

---

[26] BOLLAS, C. *Forças do destino. Psicanálise e idioma humano*. Rio de Janeiro: Imago, 1992.
[27] *Idem*.
[28] *Idem*, p. 21-22.

Para Safra,[29] o ser humano só é capaz de conhecer de verdade aquilo que ele é capaz de criar, no sentido de conceber subjetivamente o mundo e ter a vivência de criá-lo sem que a externalidade imponha-se precoce e invasivamente, porque "o gesto espontâneo é o self verdadeiro em ação. Somente o self verdadeiro pode ser criativo e sentir-se real".[30]

Assim, é necessário considerar que no início da vida, durante o encontro do corpo do bebê com o corpo materno, as experiências organizam-se em formas sensoriais, como sons, calor, tato, ritmos e motilidade. Esses diversos registros são manifestações vitais essenciais para a existência do ser.

Nesse sentido, a presença da mãe desempenha o papel de self para a criança. Nessa fase do desenvolvimento não há diferenciação entre mãe e bebê sob a perspectiva do bebê, que se encontra em um estado de dependência absoluta. É nesse momento que a mãe-ambiente deve fornecer as condições básicas de suporte, permitindo o contínuo e gradual processo de desenvolvimento do bebê.

Khan[31] argumenta que todo indivíduo tem uma percepção da totalidade de seu self, porém essa experiência de self pode ser deslocada, oculta ou até mesmo deixar de se manifestar caso o ambiente de cuidado na infância não promova sua adaptação adequada.

Dessa forma, durante o estágio de dependência absoluta, o bebê tem um conhecimento limitado do mundo exterior e estabelece uma relação subjetiva com um objeto que ele mesmo concebe. Essa experiência inicial permite que ele construa uma base de confiança essencial para a progressiva integração e separação entre o eu e o não eu. É fundamental que o ambiente proporcione

---

[29] SAFRA, Gilberto. *A face estética do self: teoria e clínica*. Aparecida: Ideias e Letras; São Paulo: Unimaco, 2005. (Coleção Psicanálise do Século I).

[30] WINNICOTT, D. W. *O ambiente e os processos de maturação*: estudos sobre a teoria do desenvolvimento emocional. Porto Alegre: Artes Médicas, 1983.

[31] KHAN, M. M. R. *Psicanálise: teoria, técnica e casos clínicos*. Rio de Janeiro: Francisco Alves, 1984.

uma adaptação sensível e abrangente às necessidades do bebê nessa fase de dependência absoluta. Uma mãe suficientemente boa permite que o bebê construa seu próprio mundo e viva a ilusão de onipotência, possibilitando a manifestação do verdadeiro self, desde que não haja ameaças à sua continuidade.

Ao considerar um desenvolvimento respeitoso e potencializador da essência do bebê, é importante proporcionar condições para que ele integre-se ao tempo, ao espaço, e descubra o mundo enquanto ocorre a integração entre a psique e o corpo. Essa abordagem favorece um desenvolvimento confiante, criativo e com base de suporte sólida. Por outro lado, quando o ambiente atua como modelador ou conformador, buscando moldar o recém-nascido de acordo com as crenças e as limitações dos cuidadores, ocorre uma tentativa de conformar o sujeito à dor e às limitações dos próprios cuidadores. Nesse contexto, a falta de adequação ao movimento natural do bebê faz com que o ambiente torne-se um intruso, invadindo o eu do bebê e substituindo suas experiências individuais por reações à intrusão.

Essa forma de existência, na qual um padrão externo invade e molda a identidade do indivíduo pode resultar em uma adaptação forçada a esse padrão, privando-o de uma vivência autêntica. Phillips[32] destaca que quando a mãe não é capaz de reconhecer, autenticar e confirmar a singularidade do bebê, ele sente-se obrigado a submeter-se e a acomodar as suas limitações. Diante da insuficiência do ambiente, o falso self desenvolve-se como uma tentativa de substituir a função materna falha, visando proteger o verdadeiro self, e proporcionar condições para seu desenvolvimento. Esse falso self representa, então, uma forma primitiva de autossuficiência na ausência de cuidado.

Dias[33] aponta que, em Winnicott, a confiabilidade é a característica central do ambiente facilitador e está diretamente rela-

---

[32] PHILLIPS, A. *Winnicott*. Aparecida; São Paulo: Ideias & Letras, 2006.
[33] DIAS, E. O. Sobre a confiabilidade: decorrências para a prática clínica. *Natureza Humana - Revista Internacional de Filosofia e Práticas Psicoterápicas*, localidade, n. 1, v. 2, p. 283-322, 1999.

cionada à dependência, cujo protótipo é o estado de dependência absoluta do bebê com relação à mãe no início da vida.

Ainda segundo a autora, no estágio inicial do desenvolvimento, confiabilidade significa que a mãe cuida para que o bebê tenha preservada a sua continuidade de ser, mantendo-o na área de ilusão de onipotência, em que o mundo apresenta-se conforme é concebido subjetivamente. Assim, durante o tempo necessário, o bebê vive a ilusão de criar o mundo por meio de seu gesto e de manter sobre ele um controle mágico. Na falta dessa experiência, o bebê não alcança a confiança na realidade de si mesmo, pois o mundo apresentou-se como uma realidade externa muito precocemente e de forma invasiva. Segundo o autor:

> [...] através de um falso self o lactente constrói um conjunto de relacionamentos falsos, e por meio de introjeções pode chegar até uma aparência de ser real, de modo que a criança pode crescer se tornando exatamente como a mãe, ama-seca, tia, irmão ou quem quer que no momento domine o cenário.[34]

Podemos, então, entender o falso self como uma defesa que oculta e protege o verdadeiro self. Na medida em que o verdadeiro self é a fonte dos impulsos pessoais, a existência por meio de um falso self torna a vida esvaziada de sentido e permeada por um senso de irrealidade e de que a vida não vale a pena.

Como Winnicott[35] aponta, há diversos níveis de falso self, considerando desde uma atitude social, não patológica, no sentido da renúncia à onipotência e garantia do convívio social – presente na saúde –, até o falso self que se implanta como real, em total submissão à obediência da imagem, em que o self verdadeiro permanece oculto, o que implica na ausência do que poderíamos chamar de gesto espontâneo.

---

[34] WINNICOTT, 1983, p. 134.
[35] WINNICOTT, 1994, p. 36.

No grau extremo existe um sentimento de vazio, de que a vida não vale a pena, que não há razão para viver. Nesse ponto acredito estar a síndrome da boazinha no aspecto mais alto de um self de fachada, que serve para proteger a mulher dos seus próprios atos criativos e espontâneos, pois eles dificultariam a posição dada a elas socialmente, de orbitar homens e dar-lhes constantemente satisfação – nos dois sentidos.

É possível observar como algumas mulheres adotam a perspectiva masculina de não poder ser, de apenas obedecer, até quando isso vai contra seus próprios interesses. E quanto mais se definem com base nos relacionamentos com homens, mais se sentem perdidas sem eles. Não à toa, a maioria das mulheres relata sentir-se vazia quando passa por períodos em que estão solteiras. Isso nos mostra como a profundidade desse vazio revela a extensão da perda do senso de si das mulheres na ausência do olhar masculino.

Como psicóloga de mulheres há anos, observo na clínica como é comum a sensação das mulheres de não se sentirem reais, assim como no discurso delas há uma ausência de si. É como se estivessem vivendo uma história que não é sentida como verdadeira e significativa. Elas sentem um medo constante de serem descobertas – por elas mesmas e pelos outros –, e a cada momento, a cada escolha, em cada desejo, há sempre uma dúvida. É como se fossem uma farsa, fora a grande carência de segurança externa. Elas têm um discurso marcado por muito medo de perder, às vezes perder o que nem sabem nomear, que aparece em forma de medo de perder a relação, perder o trabalho, serem desaprovadas. Acredito que talvez seja essa preocupação uma forma de encontrar um objeto real para o medo de não ser nada além daquilo que se espera dela.

Será a ação de viver com medo uma forma de expressarmos a angústia da necessidade frustrada de um traço unário que nomeie a mulher como mulher de verdade?

> Algumas mulheres adotam a perspectiva masculina de não poder ser, de apenas obedecer, até quando isso vai contra seus próprios interesses. E quanto mais se definem com base nos relacionamentos com homens, mais se sentem perdidas sem eles.

O QUE ME FAZ MULHER É O OLHAR DO OUTRO?

> *"Minha bisavó reclamava que minha avó era muito tímida*
> *Minha avó pressionou minha mãe a ser menos cética*
> *Minha mãe me educou para ser bem mais lúcida*
> *E eu espero que minha filha saia desse cárcere*
> *Que é passar a vida transferindo dívidas."*
>
> (Martha Medeiros)

O olhar é um aspecto muito importante da nossa constituição enquanto sujeitos, pois ele é o instrumento mais importante da troca entre seres humanos, visto que logo após o nascimento fomos obrigados a experimentar um contato pré-verbal, e o único instrumento que tínhamos eram os nossos olhos, que podem comunicar aceitação ou rejeição. Assim, para recebermos um lugar no mundo é preciso que alguém nos olhe com amor, com desejo, com esperança e com acolhimento, para que possamos nos ver primeiro no olhar desse outro e, posteriormente, no espelho.

Em Freud, a mãe torna-se o primeiro objeto de amor, em consequência da influência do fornecimento de alimento e do cuidado corporal. E ela assim permanece até ser substituída por um objeto a ela essencialmente análogo ou que dela derive. Para Winnicott:

> O vislumbre do bebê e da criança vendo o eu (self) no rosto da mãe e, posteriormente, num espelho, proporcionam um modo de olhar [...] tendo em mente que, se o fizer suficientemente bem, o bebê descobrirá seu próprio eu (self) e será capaz de existir e sentir-se real. Sentir-se real é mais do que existir; é descobrir um modo de existir

> como si mesmo, relacionar-se aos objetos como si mesmo e ter um eu (self) para o qual retirar-se, para relaxamento.[36]

Veja, é preciso que esse olhar seja suficientemente bom, ou seja, uma mãe que num primeiro momento dá-nos a possibilidade de construirmos a fantasia de onipotência, "sua majestade, o bebê", mas que permita posteriormente que encontremos o nosso próprio caminho.

Ou seja, como vimos nos capítulos anteriores, no início da vida o bebê é absolutamente dependente do outro ser; em geral, da mãe. O seio, e depois todo o corpo da mãe, serão o primeiro amor do bebê. E por, nos primeiros momentos, ele não ter nem adquirido uma imagem de seu próprio corpo ainda, ele crê que ele é o seio e o seio seja ele. É preciso, então, que o bebê veja seu corpo unificado refletido no olhar de sua mãe e, a partir disso, ele construa uma matriz para o Eu.

Porém, no caso da menina, é preciso ainda uma fase a mais: que a mãe não só a veja inteira, como a veja num corpo feminino. E essa visão da mãe dependerá do quanto ela mesma tem resolvido suas questões com o próprio corpo e com os sentimentos de feminilidade a ele associados.[37]

Freud[38] nos diz que na consideração de que a mãe é uma mulher, a feminilidade de uma mulher é tecida na relação mãe e filha; no aprisionamento da filha nos projetos narcísicos da mãe; na nostalgia da filha em relação ao amor da mãe e na ilusão da semelhança de corpos e gozos. Com isso ele afirma que algo acontece entre uma mãe e uma filha que parece ser determinante para a feminilidade de uma mulher. E talvez isso possa nos dar luz acerca da especificidade do vínculo entre mães e filhas, que muitas vezes permanece na vida adulta, ocupando espaços psíquicos consideráveis, jamais ocupados por outros investimentos

---

[36] WINNICOTT, 1971, p. 161.
[37] ZALCBERG, 2019.
[38] FREUD, S. *Sexualidade feminina* [1931]. v. XIX. Rio de Janeiro: Imago, 1996. p. 231-251. (Coleção Obras Psicológicas Completas).

objetais – o que demonstra quão intrincada é essa relação e como são profundos seus efeitos no contínuo desafio de tornar-se mulher e na transmissão da feminilidade – de mãe em filha. Talvez, o grande desafio na constituição psicossexual da mulher seja o embate entre mães e filhas, palco de grandes encontros e desencontros ao longo da vida.

E como somos educadas em um modelo patriarcal, a relação de mãe e filha passa pela misoginia. Não é incomum filhas mulheres que tiveram irmãos homens presenciarem um tratamento completamente diferente. Isso acontece porque a mãe projeta em sua filha todas as suas incompletudes e dores enquanto mulher, ao mesmo tempo em que espera que ela não viva as experiências que viveu. E a filha vê em sua mãe os obstáculos e dores que também enfrenta, o que a faz sentir-se prejudicada enquanto mulher. Mas é preciso apontar a figura da mãe para além daquela que cuida.

Para a psicanálise, mãe não é apenas o cuidado, mas o grande Outro. Aquela que aliena nosso desejo – o que tem total importância, porque senão, não nos tornamos sujeitos. Mas a mãe pode querer ser a dona do nosso desejo para sempre e não permitir que sejamos sujeitos e, sim, objetos para sempre.

Sendo assim, a psicanálise apresenta o maternar como uma função de sanar as necessidades do filho, como figura que apresenta o mundo a partir de seus próprios olhos e, principalmente, como única detentora do desejo desse filho. E para meninas, um movimento a mais: a habilidade entre elas de lidar com a frustração da mãe que era fálica, poderosa, detentora de tudo que ela precisava – na fantasia –, e depois a frustração de perceber que essa mãe não sabe entregar-lhe um significante único e definitivo que lhe diga o que é ser mulher. Um mistério que traz diversos aspectos truncados entre mãe e filha.

Lacan, com a frase "A mulher não existe", afirma não haver um significante que nomeie o feminino. No entanto o patriarcado põe-se a responder a essa angústia existencial feminina propondo as performances de gênero que definem o que deve ou não ser uma mulher, que também é a única possibilidade de ser mulher conhecida pela mulher-mãe.

Desse modo, as mães transferem para a filha a ideia de que as mulheres devem performar uma feminilidade doce, obediente, calma, paciente e, principalmente, constroem as meninas em torno da carência e do abandono de si mesmas para que se adaptem ao esperado, o que as impede de usufruírem livremente da própria vida, tornando a dependência a única forma de sobrevivência, que tem dupla função: livrar essa mulher do desgaste envolvido em ser responsável pela própria vida e bem-estar, buscando encontrar um homem que faça, e obturar ilusoriamente a angústia de não saber como viver a própria vida de mulher. Sendo o amor pelos homens, para as mulheres, uma busca por respostas acerca da própria feminilidade, visto que "a sexualidade feminina não se identifica a ela mesma."[39]

Assim, a mãe educa mais uma mulher boazinha, que segue sendo o mais bem-sucedido projeto masculino para polir sua imagem viril. Depois, para sair desse lugar é preciso autonomia, bancar ser desaprovada, mal falada, malvista, e abrir mão das âncoras identitárias patriarcais, o que já aviso: dá medo de afogar. Pois o que atesta o saber psicanalítico sobre a feminilidade é que "cada menina precisará criar uma saída para sua feminilidade", pois "(...) ainda que a menina se identifique à mãe (e ela o fará, na melhor das hipóteses), tal identificação não resolve sua questão com a feminilidade"[40]

Safra [41]nos diz que o ser humano tem a necessidade de apropriar-se do espaço em seu contexto no mundo. A expressão criativa inerente ao ser humano permite que ele tome o espaço como parte integrante de seu self, tornando-se um elemento

---

[39] SUY, Ana. *Feminilidade, amor e devastação: alguns pontos de encontro entre Freud e Lacan*. Psico/argum. 2016 jul/set, v. 34, n. 86, p. 243-255. p. 247
[40] *Idem*, p. 251.
[41] SAFRA, 2005.

participativo. Isso implica no início de um processo de desconstrução do mundo para, posteriormente, reconstruí-lo de maneira pessoal e singular.

Ou seja, para a mulher libertar-se da feminilidade patriarcal, ela precisará permitir-se dar um significado próprio à sua experiência vivida, mesmo imaginando – e por ora tendo certeza –, que não será o mesmo significado que a sociedade dá para o que é ser mulher. "E é claro que essa situação depende da maneira como ela estabeleceu a confiança básica e seu lugar no mundo",[42] o que torna ainda mais difícil. Como vimos anteriormente, as meninas são educadas em desamparo e total ausência de senso de si baseadas na própria autonomia, pois mulheres que constroem seu funcionamento sustentado no falso self de boazinha ficam prejudicadas na experiência de prazer, porque sua estratégia de sobrevivência coloca-as numa posição esvaziada de si mesmas. Sob esse funcionamento de defesa, os laços só podem ser frouxos ou mal-atados porque a proteção e a defesa psíquica impede-os do contato profundo, pois sentem que tentar o novo é ameaçador e pouco confiável.

E quando o ambiente não é um facilitador para a organização psíquica criativa e autônoma, o sujeito usará o falso self como armadura[43] para proteger-se. Isso se dá porque esse indivíduo terá menos recursos para se organizar perante a vida. Dessa forma, os laços mal-atados poderiam ser lidos enquanto decorrência de um ambiente que proporciona sentimentos de desconfiança entre os indivíduos por não conseguirem contar com o espaço cultural potencial para organizarem-se psiquicamente.

Nesse ponto acredito que a culpa feminina leva mulheres à autossabotagem de tentarem viver algo justamente para confirmarem que não podem, não devem e não merecem. Ao invés de se arriscarem na vida para conquistarem autonomia, constroem as próprias armadilhas para fortalecer ainda mais a ideia de que não são capazes e não irão conseguir por si mesmas, voltando ao

---
[42] *Idem*, p. 94.
[43] WINNICOTT, 1989.

ponto de acreditarem que tentarem ser autônomas e independentes só traz frustrações e sobrecarga, e não a sonhada liberdade.

Certa vez, a psicanalista Aline Lima[44] postou em seu Instagram um texto que nos convocava a pensar quando o problema não é não aceitar uma vida que não merecemos, mas conseguir aceitar uma vida boa que merecemos. E isso é muito presente na clínica. Segue um relato de uma sessão para exemplificar ao leitor: um dia, uma paciente me disse: "Meu sonho é chegar aqui e falar como está tudo bem e que eu estou tranquila, feliz e me sentindo amada, mas eu sei que isso nunca vai acontecer". Perguntei a ela baseado em que isso nunca aconteceria.

Ao final da sessão, chegamos a uma pista da resposta: a paciente confessou sentir-se culpada por não ter sido amada e cuidada pelas figuras parentais. Disse que nas relações de então, de amizades e amorosas com homens, ela buscava comprovar não que merecia, mas que não merecia. Aí voltamos à primeira fala dela em sessão. Ela estava marcada pela sentença da culpa, então ela não podia viver bem, feliz e sentir-se amada porque ela estava condenada pela culpa. E como Aline falou em seu Instagram, o mais curioso é que a culpa nem sempre é proporcional ao delito, mas à virtude ensinada, especialmente a virtude passada de geração em geração para nós, mulheres: "Seja uma menina boazinha!". Uma frase com milhões de interditos ocultos que carregamos por toda vida.

Um deles, infelizmente, é que você tem de ser boa – para os outros –, porque desde crianças somos ensinadas a ter nosso valor atrelado à percepção dos outros sobre nós. Meninas devem ser boazinhas, jamais desejarem – muito menos conseguirem – destacarem-se demais. A tal "boa menina" cresce querendo mostrar o seu valor, faz de tudo para ser capacitada, mas se culpa, adoece ou se sabota toda vez que realiza um desejo por pura culpa, não por ter cometido um deslize, mas porque tem

---

[44] LIMA, Aline. Via instagram (@psi_alinelima_). Disponível em: https://www.instagram.com/p/CpVqmMPrqNh/. Acesso em: 11 jun. 2023.

dentro dela um "modelo de virtuosidade" que foi aprendido e inconscientemente internalizado.

Como a própria percepção de autovalor nunca é incentivada, acreditamos não haver nada a ser reconhecido, a não ser agradar e facilitar a vida dos outros. E quanto mais o desejo opõe-se à tal posição de submissão, mais o superego [45]responde com força, trazendo mais sofrimento. Ter nascido fêmea e crescido como mulher numa sociedade patriarcal é algo que marca o psiquismo feminino de tal forma que mesmo não querendo se sentir culpada e ansiosa, a mulher sente-se assim, pois é um mecanismo tão entranhado que simplesmente não é tão simples de se evitar.

E pensando novamente na minha paciente, ela também tinha algo que podemos observar em todas as mulheres na clínica: os efeitos da complexidade da relação com a mãe. Como disse Ingmar Bergan[46]na obra *Sonatas de outono*:

> Mãe e filha, que terrível combinação de sentimentos, confusões e destruições. Tudo é possível e tudo acontece em nome do amor e da consideração. Os defeitos da mãe devem ser herdados pela filha, os cálculos falsos da mãe devem ser regularizados pela filha, a infelicidade da mãe deve ser a felicidade da filha, – é como se o cordão umbilical jamais tivesse sido cortado. A infelicidade da filha é o triunfo da mãe, o luto da filha é o prazer secreto da mãe.

E, talvez, aqui você possa achar absurda a ideia da infelicidade da filha ser o triunfo da mãe, mas é isso que a clínica mostra, e não estou falando de mães narcisistas, cruéis e que desejam o mal das filhas. Estou falando das mães que, muitas vezes, desejam mesmo a felicidade da filha, mas as filhas, dentro dessas mães, por ainda não terem se separado da própria mãe,

---

[45] Na psicanálise, superego é a instância moral do psiquismo do indivíduo, sendo responsável por construir aspectos de regulação dos instintos primitivos com base em valores morais e culturais.
[46] BERGMAN, Ingmar. *Sonata de outono*. Rio de Janeiro: Nórdica, 1978.

ressente-se da filha ir além do que ela nunca foi, assim como também a sobrecarga e a imposição social de mulheres mães terem que desistir de si mesmas desenvolve e potencializa um ódio entre mães e filhas, seja da mãe com a filha, como da mãe pra ela mesma como mulher, e da filha pela mãe ao sentir-se prejudicada enquanto mulher.

Quando a mãe, sendo mulher, vê-se impossibilitada da satisfação e obrigada a fugir do seu desejo, uma agressividade é gerada no psiquismo, e como nossa sociedade só permite que a raiva feminina seja expressa contra si ou contra crianças, a mulher mãe não encontra outro caminho senão o próprio eu para ser castigado, às vezes só em si, às vezes seu Eu projetado na filha, porque a primeira realidade de uma menina é o inconsciente da mãe refletido no olhar dirigido à filha.

Assim, é possível que a menina não tenha oportunidade de encontrar-se no olhar da mãe. Algumas encontram um vazio e, nesse caso, pode construir uma representação inicial de si mesma como algo sem valor ou merecimento algum. Já outras meninas, em que esse olhar tenha refletido a própria mãe – suas angústias e inseguranças; sua impossibilidade de separar-se de seus próprios pais; seu medo de ser abandonada e frustrada – elas serão conduzidas aos mesmos moldes que a mãe usou para proteger-se, ficando presas psiquicamente ao corpo e a forma de viver da mãe, passando, então, a reviver a história da mãe em suas próprias vidas, não conseguindo separarem-se, mesmo que isso traga dor e sofrimento.

Não é incomum algumas mulheres falarem em sessão da relação com suas mães. A princípio, muitas dizem que sua mãe não interfere em suas escolhas, que não se sentem pressionadas por elas, mas escapa nos relatos como a vida foi sempre baseada em sua admiração pela mãe, por uma necessidade de ser vista por ela, de ser boa para ela, ou de não se importar com o que ela pensa, mas saber exatamente o que a mãe deseja, e um profundo sentimento de gratidão e/ou ressentimento, que aos poucos vai tomando a forma de um intenso sentimento de dívida com essa mulher, que deu a vida à filha.

Certa vez, uma paciente me disse: "Minha mãe nunca me cobrou nada, ela só quer que eu seja feliz". Mas ao olhar para suas escolhas, era perceptível que ela seguia, literalmente, os caminhos trilhados por sua mãe. Casou-se com um homem oposto ao seu pai, disse ela, orgulhando-se de não ter repetido a mãe, mas percebeu que o marido era a mãe em forma de homem, em suas próprias palavras. Ela havia escolhido o trabalho por iniciativa de sua mãe e passara a exercer a mesma função que sua mãe havia exercido durante muitos anos. Tinha, inclusive, o desejo de deixar o cargo, porém tinha muito medo de decepcionar-se e de não dar conta do novo trabalho.

Essa paciente começou a perceber que os passos da mãe eram uma maneira de viver, e que ela não sabia outra forma de ser mulher. Ela precisava desconstruir certezas e formas para, depois, reconstruir com seu perfume, com seus gestos, com sua forma de ser; mas como fazer isso quando sua capacidade criativa tinha sido severamente cortada quando criança, visto que meninas devem submeter-se ao desejo do outro e serem obedientes? Talvez essa seja a razão da insistente sensação que as mulheres têm de não se sentirem reais. É como se cada escolha se mostrasse insuficiente, como se não fossem capazes de decidirem por si. É uma dúvida que nunca dá paz para seus pensamentos.

No caso dessa paciente, isso se estendeu até que ela se desse conta de estar repetindo os medos e as inquietações de sua avó e de sua mãe, que pouco tinham arriscado diante de seus receios. Enquanto ela percebia-se com muita necessidade de romper com sua realidade e ir à busca de algo que lhe fizesse mais sentido, e com muitas dúvidas a respeito da possibilidade de encontrar sentido em alguma coisa, ela foi revendo a sua mãe internamente. Ela percebia que sua mãe não havia conseguido separar-se de sua própria mãe, a avó da paciente, e que sua mãe não era azarada, incapaz ou tinha "dedo podre"; ela estava presa à impossibilidade de romper a relação inicial com sua própria mãe.

Minha paciente sabia exatamente o que sua mãe pensaria de cada uma de suas atitudes, de seus desejos e de suas escolhas, e lutava constantemente contra a angústia de frustrá-la e contra o medo de destruí-la ao fazer suas próprias escolhas e diferenciar-se dela. Sua mãe era aquela que a queria feliz, porém tinha um ideal de felicidade diferente daquele que ela desejava para si mesma.

É comum algumas mulheres, que inclusive tiveram mães muito amorosas, quando vão analisar sob qual condição foram amadas, dão-se conta de que nesse amor sua subjetividade e sua alteridade nunca foram reconhecidas. Ela era amada sob a condição de ser a mesma e não um outro, não um outro-sujeito, mas uma extensão submetida ao desejo do Outro materno. Isso se dá porque ela sendo ela, não era amada, mas a idealização, ela vestida do desejo do Outro era idolatrada. Por isso na vida adulta torna-se tão difícil abrir espaço para a expressão do verdadeiro self, seu Eu apresentado aos outros é o falso self construído à imagem e à semelhança da mãe.

Para dar voz ao seu Eu é preciso desejar, mas o desejo inaugura-se com a perda. É preciso perder, destituir a mãe do trono. É preciso suportar ser desaprovada pelo Outro materno. Por isso a culpa, por isso os testes para confirmar que não merecia, não deveria e não daria certo. Uma das razões das repetitivas autossabotagens é que se desligar da submissão ao Outro materno coloca-nos diante de duas faltas: uma encontrada no Outro, ou seja, são limitadas, são uma mulher como outra qualquer; e a falta que se localiza no próprio sujeito, porque, para que o desejo encontre caminho, é preciso deixar a desejar, não ser perfeito, não suprir todas as demandas e topar ser frustrada pelo outro, que também não poderá entregar aquele amor completo da fantasia de onipotência, ainda bem.

Entretanto muitas mães são ressentidas e não facilitam em nada essa separação. Uma mãe privada do amor materno na infância pode, por exemplo, não suportar dar à filha o que não recebeu, como forma de evitar sua inveja; "[...] esta recusa de atender afetivamente a filha acoberta sentimentos mal resolvidos da própria história de vida da mãe"[47]. Ela não suporta que a filha

---

[47] ZALCBERG, 2019.

siga o caminho dela, porque como ela se vê na filha, o sucesso dela revela seu fracasso, aponta suas falhas, seus medos não vencidos, seus desejos não realizados. Mas se a filha resolve abrir mão de viver colada na mãe, ela abre-se ao próprio potencial criativo, não mais fica repetindo as mesmas dores da mãe, na tentativa não de reparar, mas de fortalecer a mãe, de confirmar que a mãe estava certa, como se fosse realmente impossível ser feliz, conquistar, ser, viver, porque se a filha vive, a mãe tem que encarar que é possível, mesmo que não tenha sido para ela.

A mãe pode, então, deparar-se com a própria inveja. A inveja do desejo de possuir ou gozar o que é possuído ou gozado pela filha. Melanie Klein[48] disse que a pessoa invejada é tida como detentora daquilo que é mais desejado: um objeto bom, sendo que o impulso invejoso visa tomá-lo ou estragá-lo, pois o aspecto destrutivo está sempre presente na inveja.

Pode até parecer assustador pensar em inveja entre mãe e filha, mas quando falo de inveja materna refiro-me a um conceito complexo, que abrange os desejos da mãe, suas ansiedades, suas frustrações, seus medos, suas projeções e a força repressora punitiva e poderosa que se encontra nessa posição.

Para melhor compreender tal conceito é necessário não só ultrapassar a censura moral de pensar isso de uma mãe como também entender que a inveja é um sentimento profundamente primitivo e arcaico da experiência psíquica, que também desempenha um papel importante no contexto social.

Em minha perspectiva, a inveja nas mulheres é alimentada e tem suas origens nas condições históricas de restrição e privação. O motivo é óbvio, apesar de muitas vezes não percebermos. "Na medida em que as mulheres se sentem especialmente marginalizadas e imobilizadas em relações de dependência, a vivência debilitante da inveja parece inevitável".[49] E essa inveja tem raízes no receio da mãe de testemunhar que a filha alcance uma autonomia que a torne supérflua.

---

[48] KLEIN, 1964.
[49] HARRIS, 2018.

Como a mãe não tem autonomia suficiente para enveredar por caminhos existenciais independentes, seu olhar recai sobre a filha, obrigando-a, conscientemente ou não, a ocupar o lugar de seu objeto precioso, que ela não vive sem, e por isso não pode voar, nem que seja para ser feliz.

Klein caracteriza a inveja como um sentimento profundamente destrutivo que surge do vazio e de mundos internos devastados. E não seria esse o mundo interno de uma mãe criada no patriarcado, em que deve abrir mão do seu gesto criativo, de sua potência e de seus sonhos em nome de um ideal materno de devoção? Assim, para compreendermos melhor a inveja das mulheres é preciso atentarmo-nos à misoginia em nossa sociedade, porque se a mulher mãe vê-se obrigada a uma vivência de privação, o que se produz como efeito é uma raiva de impotência, um ciclo de ódio, o medo de retaliação e a inevitabilidade da repetição. A repetição daquilo que foi comunicado por meio de complexas interações sensoriais e afetivas entre díades mãe-filha durante a situação inicial de apego.

O toque, o olhar, as formas de segurar e falar são maneiras de nos relacionarmos que se baseiam em diversas experiências sociais e somáticas e, inevitavelmente, estão impregnadas de emoção ou intensificadas afetivamente. Essas formas de comunicação transgeracional podem gerar identificações enigmáticas, que, por sua vez, incluem principalmente a experiência de gênero, uma espécie de assombração transgeracional, porque,

> [...] apesar de a inveja não ser a prerrogativa única em um gênero, inúmeras vezes é uma questão delicada na feminilidade e uma fonte de perigo e de dor entre as mulheres, através ou dentro das gerações.[50]

---

[50] *Idem*, p. 20.

❝ Tem relações familiares que são pautadas em dois elementos: a exigência de que a descendência corrija suas histórias e sejam a esperança de realizar sonhos e desejos insatisfeitos; e o receio de que os filhos sejam e façam além do que fizeram.

Muitas vezes as gerações anteriores impedem, de forma consciente ou inconsciente, que a geração vindoura construa uma visão de um caminho alternativo ao percorrido pela geração anterior, pois tomados por suas frustrações, tentam moldar a descendência à sua imagem.

É como se esses laços invejosos fossem uma espécie de herança maldita, resíduo tanto do amor quanto do ódio e da competição, fazendo com que as mais antigas condições sociais das mulheres sejam transmitidas por meio de traumas. Ao se verem extremamente sobrecarregada por medos de ser abandonada e pela ausência do senso de si, a relação passiva de certas mulheres frente à vida marca o laço inicial de mãe e filha, tendo como um dos efeitos a ansiedade, que pode perturbar e influenciar a experiência mãe-filha. "Ou, para pensar de outro modo, fazer parte dos elementos conflitantes da vergonha e do prazer, conscientes ou inconscientes, na sedução enigmática da mãe em relação à filha",[51] que podem materializar-se em dois extremos: por um lado, a exigência implacável de alcançar aquilo que os pais não atingiram; por outro, o receio de que a descendência seja capaz de fazer tudo aquilo que a anterior não fez, o que demonstraria as frustrações que os antecessores tanto tentam omitir para si mesmos.

Isso leva as relações familiares a serem pautadas em dois elementos: exigência de que façam e sejam e receio de que sejam e façam além do que fizeram. Muitas vezes as gerações anteriores impedem, de forma consciente ou inconsciente, que a geração vindoura construa uma visão de um caminho alternativo ao percorrido pela geração anterior, pois tomados por suas frustrações, tentam moldar a descendência à sua imagem.

Em um poema de William Langland, "Piers Ploughman", do século XIV, ele narra que um homem invejoso e outro ganancioso, andando em um bosque, encontram uma fada, que promete conceder um desejo a um deles desde que o segundo recebesse em dobro. O ganancioso decide deixar o outro formular o desejo para receber em dobro. O invejoso pensa com cuidado e diz: "Deixe-me cego de um olho".

Para mim, esse texto ilustra a inveja materna e a repetição das filhas. Estas deixam a mãe desejar por elas, pois temem a solidão, e por não construírem a autonomia necessária para

---

[51] HARRIS, 2018, p. 14.

desejarem por si deixam que a mãe ocupe esse lugar, mesmo que seja ao custo de arrancar-lhe o olho para que não veja o mundo com os próprios olhos, com as próprias escolhas, e faça seu o próprio caminho. Talvez seja esse o prazer secreto da filha. E, assim, está formado o enlace:[52] de um lado, uma mãe que não suporta sequer a mais ligeira insinuação de um pensamento que possa indicar que a filha tem uma existência que escape às suas determinações e ambições, e por isso faz de tudo para assegurar sua onipresença na vida da filha – muitas vezes com aparências genuínas de cuidado e proteção. Do outro lado, a filha, afeita à zona de conforto à qual não quer renunciar, tolera a arbitrariedade materna e renuncia voluntariamente à sua autonomia e à sua liberdade. Para isso, se preciso for, a filha sabota sua carreira, seus laços amorosos e qualquer chance de ocupar o próprio espaço. E a mãe, com seus ímpetos de inveja, serve de instrumento de legitimação pessoal para os fracassos da filha.

Até porque, ao manter-se na posição onipotente, dona do desejo da filha, a mãe goza na posição de poder que sempre lhe foi negada socialmente. E ao vestir a inveja de cuidado, preocupação e proteção, a mãe encontra um aparato de autoproteção que permite a ela sublimar seus sentimentos sem ter que repensar suas verdadeiras motivações. "Obviamente, esse comportamento mesquinho tem de ser legitimado de alguma maneira, o que se dá através da narração da superioridade de experiência e da necessidade de proteção da prole".[53] Em compensação, a filha goza no lugar de ter alguém que lhe diga quem deve ser para isentar-se da angústia de encarar o fato de que pode ter alguma gerência sobre sua própria história e suas próprias escolhas, que a levaram até onde está. No fundo, o mais angustiante nem sempre é bancar o que se quer, mas encarar a responsabilidade, que sempre vem com consequências.

---

[52] MATHIAS, Dionei. *A inveja e modalidades de interação*. 2016. Disponível em: https://www.e-publicacoes.uerj.br/index.php/cadernoseminal/article/view/18355. Acesso em: 25 mar. 2023.

[53] MATHIAS, 2016, p. 129.

É claro que todo esse processo não vem sem custo. À filha é preciso pagar o preço de manter seus desejos insatisfeitos e escondidos, o que acaba por reconstruir o ciclo de inveja, que pode ser direcionado para a filha que virá dela, ou até mesmo para qualquer outra mulher que ela julgar ter aquilo que lhe foi tomado, retornando ao mesmo rumo da geração anterior.

Como falei anteriormente, abrir mão dos próprios desejos gera agressividade no psiquismo, então, impedida de criar novos caminhos em que possa dar voz às suas necessidades ou se livrar da pressão de encarnar a imagem imposta pela geração anterior, a descendente vê-se sufocada pela repetição, pois vê-se obrigada a remodelar todo e qualquer movimento de acordo com expectativas alheias para não sofrer repressões, colocando-se em profunda sensação de impotência e incapacidade.

Com o passar dos anos, os desejos engolidos e sufocados transformam-se em uma inveja destrutiva, às vezes até em vontade de destruir, o que a consome. Com isso, toda a hostilidade gerada em decorrência das diversas tentativas frustradas geram uma enorme sensação de sufoco, de angústia e de desespero, não encontrando nenhuma forma de ser amenizada nem mesmo pelos efeitos sublimatórios. Pois "sempre que tais limites são ultrapassados, vemos filhas sucumbirem perante o peso de um amor materno doentio, intrusivo." [54] E, assim, presa nesse destino que mais parece uma condenação, essa mulher vê-se impossibilitada de desenvolver espaço para suas próprias necessidades, destruindo, por fim, tudo o que lhe poderia proporcionar algum prazer.

E se a mulher permanece com grandes dificuldades em estabelecer o sentimento de confiança necessário para desenvolver uma identidade separada, a fusão irá impedi-la de apropriar-se psiquicamente do seu corpo, de suas emoções e de sua capacidade de pensar ou de associar pensamentos e sentimentos. Surge, então, a fantasia de que a mãe ou a filha serão despedaçadas ou deixarão de existir se a identificação primária não

---

[54] ZALCBERG, M., 2019, p. 69.

for conservada, mantendo a imagem dupla da mãe: uma figura onipotente e onipresente, e também a de uma mulher frágil e que se destrói facilmente.

Quando a fusão dos corpos mãe-filha persiste, a mulher é levada a uma recusa quase total da própria potência e a um estado de pânico frente à alteridade. A fusão com a mãe gera a convicção de que a filha não é responsável nem capaz de cuidar de si mesma, pois não se torna dona do seu próprio desejo, corpo e destino, dificultando o reconhecimento inclusive dos seus próprios pensamentos, sentimentos e desejos, pois a distinção entre si e o outro é imprecisa.

É por isso que muitas mulheres são tão inseguras, tornando tão difícil, quase impossível, ser um sujeito autônomo que se ama, porque o amor próprio leva a mulher a empoderar-se mais, e para além da feminilidade patriarcal não combinar com poder, o amor só é possível quando se é um indivíduo separado.

Dessa maneira, essa lógica em nós leva-nos a crer que a liberdade assusta, porque a liberdade apresenta-nos possibilidades para as quais não nos sentimos equipadas, pois junto a toda essa liberdade vem a responsabilidade e novas exigências de que cresçamos, que paremos de nos esconder sob o manto da paternidade daqueles que se colocam na posição de serem os mais fortes.

Se, de um lado, a mãe onipotente deixa a mulher insegura em ser a responsável pelo seu próprio cuidado, por outro a mãe torna-se uma entidade poderosa e mortífera, pois a filha jamais será capaz de merecer toda devoção e entrega, nem atingir por si mesma esse ideal grandioso. Essa mãe pode ser, então, introjetada como uma autocrítica severa, persecutória e cruel com a própria pessoa, gerando um ciclo de autoexigência cruel e impiedosa, além de uma anulação de toda a sua capacidade. Isso retroalimenta todo o discurso patriarcal de que não podemos, não conseguimos e não merecemos, pois uma mulher incapaz de ver seu valor, por estar tomada pela autocrítica, não se permite afirmar seu direito de ser autora dela mesma.

RE-PETIÇÃO DA DEMANDA DE AMOR MATERNO

> *"Se a mãe é a primeira a sussurrar uma realidade (a dela) ao ouvido da filha, que sua palavra se faça canto suave ou afirmação brutal, ela ressoará sempre como oráculo na vida da futura mulher.*
>
> *(Malvine Zalcberg, de menina a mulher)*

Como vimos anteriormente, a identidade de uma filha é uma sutil combinação de partilhas e clivagens em relação à mãe, mas pelo fato de a mãe ser igualmente uma filha há muita projeção, tornando essa relação extremamente complexa. E muitas vezes as filhas ficam presas ao corpo e à forma de gozar da mãe; ou seja, elas vivem numa repetição, pois quando mãe e filha não suportam as alteridades e ambiguidade no amor materno, se torna impossível o ganho de originalidade e voz própria[55], e aquilo que não pode torna-se palavra, se torna ação, nesse caso, atos, escolhas e relações iguais a da mãe, mesmo quando se tenta fazer o total oposto.

O amor materno é paradoxal, assim, mesmo uma mãe amorosa tem sentimentos ambivalentes; mesmo que ela deseje que suas filhas tenham uma vida melhor, ainda assim ela transfere para suas filhas as privações vividas. E suas relações são reflexos disso, é isso que você busca em seus relacionamentos, mas sem consciência. Pense, então, que o patriarcado está presente em sua mãe, em sua família, na forma de pensarmos e agirmos e, principalmente, na maneira de educarmos nossas crianças.

Ao sermos educados em um modelo patriarcal, não nos desenvolvemos bem. Perdemos várias possibilidades de exercer

---

[55] BENHAIM, Michele. *Amor e ódio: a ambivalência da mãe.*

o melhor da nossa potência. O patriarcado não está no ar ou na água, não nos é externo. Ele está dentro de cada um de nós. É estrutura formada, que marca nossa subjetividade, e, como venho repetindo aqui, a relação com a mãe não escapa dela, talvez seja, inclusive, a mais afetada, pois

> [...] o fortalecimento do capitalismo trouxe mudanças políticas e sociais importantes acerca da mobilidade social da população. [...] houve um enrijecimento da divisão entre o espaço público e privado, e consolidou a instiutuição indissolúvel do casamento, como fundamento da família. [...] o âmbito público, definiu-se cada vez mais, como espaço identitário masculino. e o espaço privado [...] sendo definido como essencialmente feminino pelo fato de a mulher ter a capacidade de procriação, ou seja, útero. Institui-se, assim, uma divisão sexual do trabalho.[56]

Isso faz com que a maternidade seja uma construção social de interesses políticos e de mercado, vestida de um sentimento natural inerente às mulheres.

Dessa forma, a ideia de que existe o instinto materno ou o amor espontâneo da mãe pelo filho passou a ser naturalizado, exaltado e enaltecido, resultando na exigência de uma vigilância constante e no abandono de outras atividades e interesses pessoais por parte dos adultos, especialmente das mães, que são consideradas as cuidadoras naturais da criança; há, assim, uma crescente demanda por atividades de cuidado, dedicação e educação[57] por parte das mulheres.

Porém, "ao colocar o amor materno como algo espontâneo e único, superior a todos os outros tipos de amor, foi gerado um efeito colateral".[58] Algumas mulheres passaram a sofrer, pois suas experiências com a maternidade não corresponderam a esses

---

[56] ZANELLO, 2018.
[57] ZANELLO, Valeska. *A prateleira do amor*. 1. ed. Curitiba: Appris, 2022.
[58] *Idem*.

termos, ou elas sentiam-se culpadas por não alcançarem esse ideal. Por outro lado, aqueles que não tiveram a mãe biológica como principal cuidadora ou cujas mães não correspondiam ao estereótipo da mãe perfeita, enfrentaram um efeito em cascata de traumas. Não amar os filhos passou a ser considerado um crime, uma aberração a ser evitada ou disfarçada.[59]

Falar sobre "mãe narcisista", por exemplo, é falar de maternidade compulsória, sobrecarga materna e ódio às crianças, porque a relação mãe-filha é o primeiro local em que a ideologia masculina infiltra-se e separa as mulheres. Mas o termo serve pra encobrir que a sociedade gera adoecimentos em mães e filhas, e talvez seja melhor acreditar que sua mãe foi narcisista do que enxergar que ela pôde nunca ter desejado ser mãe e, por conta da maternidade compulsória, foi, e não conseguiu amar você. Ou que ela queria, sim, exercer a maternidade, mas estava cansada, desgastada, afinal, abrir mão da nossa vida, dos nossos desejos, das nossas ambições e vontades tem um preço, gera agressividade no nosso aparelho psíquico, e se não pode ser jogada no outro e no mundo porque ela precisa ser boazinha, isso retorna para o próprio ego em forma de culpa, e os efeitos dessa culpa, como já disse anteriormente, só são autorizados contra si mesma ou contra as crianças, principalmente as meninas.

Nesse contexto, transferem-se para a menina toda as limitações, as cobranças e a descrença na própria potência, pois ao tornar a mulher responsável pela família, pelo casamento e pela procriação, aos poucos "foram sendo colonizados os afetos, cuja vitória pôde ser traduzida no sentimento de culpa das mulheres".[60] A cultura misógina controla a mulher ao enfraquecê-la, desarmá-la e fazer com que seja vigiada por uma instância em seu interior, como por uma guarnição numa cidade conquistada.

Para a menina desligar-se da mãe é preciso um sentimento tão potente quanto o amor: o ódio. Para isso, a menina ressente-

---

[59] *Idem.*
[60] *Idem.*

-se e precisa trocar de objeto, dirigindo-se ao objeto de amor da mãe. Desse modo, toda relação amorosa norteia-se pela ligação entre mãe e menina. Somos restos dessa relação.

Porém não entenda isso no sentido pejorativo. A psicanálise dedica-se a ouvir exatamente os restos, porque não entende o termo no sentido de lixo, inútil ou descarte, mas no sentido de que é aquilo que ficou, que nem parecia tão importante, mas ficou. E esses restos vão passando de uma geração para a outra inconscientemente. E isso não é nada mágico, telepático, viu? Quando digo que é transmitido inconscientemente, quero dizer que vai sendo transmitido nas minúcias, nos gestos, nos jeitos, nas caras, nas falas, nos silêncios, no cotidiano.

Falo isso porque nossa a noção de amor e de merecimento é essencialmente construída nesse laço, que caso não seja elaborado, mantém você em uma eterna repetição dos padrões da sua família. Muitas mulheres carregam em si o silêncio de todas as suas ancestrais, a referência de homens omissos, abusadores, violentos e egoístas, e passam a confundir repetição de traumas infantis com amor. Elas vivem nessas relações adoecidas, que repetem o mesmo padrão, uma tentativa inconsciente de consertar a história da mãe. Mas essa fantasia de consertar algo da vida da mãe na filha obriga-a a se quebrar nos mesmos lugares.

Um exemplo: imagine que seus pais te ensinaram um caminho para determinado lugar e você sempre segue por ele, sentindo-se tranquila – já vai até no automático, né? Pois é, você faz isso também na vida, você tem medo de pegar um caminho novo. Às vezes existe até um caminho mais curto, mais bonito, ou talvez você nem se interesse pelo destino, mas você segue nele por rotina, por costume, porque foi o caminho que sua mãe fez e te fez acreditar que você deveria segui-lo. É como se fosse uma dívida. E quantas mulheres mantêm-se repetindo determinado caminho, numa espécie de dívida que nunca se paga.

Gosto muito desse exemplo para falar de repetições familiares, porque o desejo da mãe, enquanto Outro materno, traça um caminho, que pode significar um destino, uma condenação ou um horizonte. Miller [61]afirma que o inconsciente é composto por mal-entendidos que se acumularam e se inscreveram no sujeito, determinando o que chamamos de destino. Mal entendidos estes que podem se transformar em mal-dito, "cuja maldição paira sobre o destino da família com repetições inquietantes e inexoráveis."[62]

Há, inclusive, muitas mulheres condenadas pela não elaboração desse *amódio* pela mãe. Não é permitido nem ao menos pensar sobre isso, quem dirá falar. E assim "o não-dito dos pais aparece nas fantasias repetidas e ou nos atos da criança. Ou melhor dito, a repetição é transformar em ato o mal dito familiar"[63]. A descendência simplesmente não consegue resistir à situação de submeterem-se ao desejo de suas mães. É como se a menina reconstruísse em sua vida de mulher o sofrimento da mãe, pois ao deparar-se com a impossibilidade da mãe de responder a sua demanda de amor, por ver refletido no olhar da mãe as limitações, as inibições e os interditos, essa demanda, que é potencialmente infinita, retorna à menina, "precisamente sob a forma da devastação".[64]

Quando isso acontece, cabe a ela só a re-petição, ou seja, enviar novamente o pedido de amor, e mais uma vez, até o infinito, pois "a devastação é a outra face do amor, é o retorno da demanda de amor".[65] É como se a menina gritasse, com suas atitudes compulsórias de repetição dos erros e desventuras da mãe: "Será que você não me vê? O que eu tenho que fez com que minha mãe, meu primeiro objeto de amor, que supostamente deveria me olhar com amor e desejo de vida, rejeita-me? Será que não pode me amar como queria? Ajude-me, por favor. Ensine-me a ser mulher, a viver essa vida".

---

[61] MILLER, Jacques-Alan. *O mal entendido. In:* Capítulos de psicanálise, n 13 São Paulo: Ed; Biblioteca freudiana, p. 4. 1989.

[62] Rosa, 2000, p. 39.

[63] *Idem*, p. 52.

[64] MILLER, Jacques-Alan. A criança entre a mulher e a mãe. *Revista Opção Lacaniana*, Rio de Janeiro, v. 2, p. 7-12, 1998.

[65] *Idem*.

É no pedido de amor idealizado – infantil - que acabamos nos repetindo; é na tentativa de não sermos rejeitadas novamente[66], como na infância, que nos atraímos por pessoas que irão nos rejeitar; é na dificuldade de desatar os nós dessa relação que seguimos amarradas ao cordão. Deixando "a impressão de um destino que as persegue, de uma influência demoníaca que lhes rege a vida, como nos casos em que toda relação chega a igual desenlace"[67]

Isso acontece porque temos medo de perder o amor do Outro, ainda mais as mulheres, que crescem atrelando o amor a recompensa pelo bom comportamento e pela obediência ao desejo do outro. Lacan diz que a erotomania é uma forma de amar da mulher, que não há limites ao que faz para um homem, ela lhe entrega seu corpo, sua alma e seus bens[68]. Por isso renuncia à sua satisfação, à felicidade, ao sucesso, às realizações. E "quanto menos uma menina se separou de sua mãe, mais ela tenderá a uma dificuldade de reconhecer limites também em seus relacionamentos amorosos na vida adulta" [69]

É uma fuga do próprio desejo, o que gera agressividade, que não encontra outro caminho senão o próprio eu para ser castigado. Freud reconhece no recalque do ódio infantil a origem dos conflitos posteriores da neurose. Gori[70] propõe que o ódio inconsciente é capaz de alimentar todas as formações sintomáticas, como a dúvida, a autossabotagem, a oblatividade (significação funcional das condutas pelas quais um indivíduo, ao renunciar ou sacrificar a si mesmo, prefere satisfazer as necessidades de outro), ou, mais diretamente, a ambivalência dos sentimentos, a impotência da

---

[66] É importante salientar que nem sempre essa rejeição é real. Como atesta Freud, em "Sexualidade feminina" texto presente na referencia deste livro, a demanda de amor da criança é desmedida e voraz, sendo assim, a mãe retornar as atividades dela, se dirigir ao pai, desejar qualquer outra coisa ou pessoa para além do bebê é entendido como rejeição e troca nos primeiros estágios de desenvolvimento psicossexual da criança.

[67] Rosa, 2000, p. 42.

[68] LACAN, J. (2003 b) *Televisão*. In: Outros escritos. Rio de Janeiro: Jorge Zahar. (Trabalho original publicado em 1974). p. 538.

[69] SUY, 2016, p. 251.

[70] GORI, Roland. *Lógica das paixões*. Tradução de Inesita Barcellos Machado. Rio de Janeiro: Campo Matêmico, 2004.

raiva ou as vibrações das cóleras impulsivas, sendo esse ódio que aparece como uma reação à privação.

Assim, superego, essa instância reguladora dentro da nossa mente, e amor estão ligados, afinal, é pelo medo da perda do amor e pela tentativa de retornar ao estado idealizado da infância que renunciamos. E esse superego é voraz, nunca se satisfaz. Ele quer sempre mais. Segundo Soller,[71] vemos que a figura obscena e feroz do supereu não é gerada pela violência do Outro, da qual seria uma transposição – Freud assinalou isso há muito tempo. O supereu está ligado, ao contrário, à doçura do amor, que engana quanto ao desejo e ao gozo.

---

[71] SOLLER, C. 1937. *O que Lacan dizia das mulheres* Tradução de Vera Ribeiro. consultoria, Marco Antônio Coutinho Jorge;- RJ: Jorge Zahar Ed., 2005.

> É como se a filha gritasse, com suas atitudes compulsórias de repetição dos erros e fracassos da mãe, na espera de ser vista, se questionando o que lhe faltou, ou o que ela fez de errado para que a mãe, seu primeiro amor, a rejeitasse. É um pedido de ajuda para ser ensinada a como ser mulher e viver a própria vida.

No filme vencedor do Oscar 2023, *Tudo em todo o lugar ao mesmo tempo*, dirigido por Daniel Scheinert e Daniel Kwan, podemos ver os efeitos catastróficos dessa demanda. Evelyn, personagem de Michelle Yeoh, passa boa parte do filme lutando contra seu verdadeiro Self, engolida pelas exigências do seu supereu, fruto de seu pai castrador que fora internalizado.

Evelyn cresceu em um ambiente onde singularidades e diferença na forma de ver o mundo eram frequentemente interpretadas como falhas, merecendo repreensão ou até mesmo punição. A sombra de um pai implacável pairava, criando uma atmosfera de contínua exigência, levando a personagem à certeza de que, pelas próprias escolhas ela não poderia ser feliz. Isso é mostrado ao telespectador em uma mesma cena, que se repete diversas vezes no filme: ela indo embora para se casar e o pai dizendo que ela tinha perdido o lugar de filha.

Quem faz análise sabe que sempre temos uma ou algumas cenas que constantemente aparecem na sessão; mesmo que falemos de diversas coisas e acontecimentos, sempre voltamos à mesma cena. A de Evelyn era esta: ela decidindo seguir um desejo seu e seu pai destituindo-a da posição de filha, como se esse lugar estivesse totalmente condicionado a ela corresponder ao desejo narcísico dele. Então Evelyn encontra uma forma de manter-se fiel ao pai, prende-se para sempre no arrependimento; ela faz da vida um sofrimento, repleta de fracassos, porque assim mantêm o lugar do pai como aquele que sabe, possivelmente numa tentativa de retornar ao lugar de filha, o que, de certa forma, funciona, pois o pai vai morar com ela na velhice.

Por medo da perda do amor do pai, Evelyn proibiu-se de desfrutar do desejo dela de ter ido embora. Ela foi, mas passou a vida inteira cobrando de si mesma. Ela se castiga com uma vida privada de prazer, o que passa a ser transferido como exigência à filha, com quem tem dificuldade, pois não sabe lidar com as diferenças de Joy, porque espera que a filha seja uma versão corrigida dela, assim como a vida toda ela mesma colocou-se em subserviência ao seu pai.

E apesar de toda a coisa do Multiverso que traz o enredo do filme, o telespectador atento pode perceber que o filme não se trata de ficção científica, mas da complexidade das relações familiares. O filme, na minha percepção, é justamente sobre o que venho falando aqui, a necessidade de termos um ambiente que propicie o desenvolvimento das nossas habilidades, dando, sim, um horizonte, uma indicação, mas permitindo que recalculemos a rota, que façamos novos caminhos, que sigamos nosso próprio caminho.

Para Evelyn, somente depois de conhecer suas outras múltiplas versões é que ela compreende que o que lhe custou tentar conquistar o respeito de seu pai. Ao assumir isso, ela vai aos poucos se apropriando do seu potencial. E se dá conta de que, ao tentar seguir os caminhos traçados pelo pai, na tentativa de obter o reconhecimento, negligenciou o seu próprio potencial.

A dinâmica da história muda quando nossa protagonista consegue dizer ao pai que não importa que ele não tenha orgulho dela, porque ela orgulha-se de si mesma. É lindo de ver o desenvolver da personagem, principalmente porque o grande feito durante o filme não foi provar algo ao seu pai, mas ter se apropriado de si mesma, ter se permitido ser. A verdadeira vitória de Evelyn não foi convencer seu pai que ela dava conta ou que merecia seu amor, mas sim reencontrar-se consigo mesma, se responsabilizando por seus sonhos esquecidos e oportunidades perdidas.

Ao final, ela liberta-se das amarras de um ideal paterno e do sentimento de inadequação que carregou por tanto tempo. E isso, sem dúvida, é se transformar verdadeiramente na protagonista da história e deixar de ser apenas quem desempenha o papel principal em uma história contada pelo Outro.

Outra obra que também nos ajuda a pensar toda a repetição entre gerações é a série original da Netflix, Maid. Na história de três mulheres – avó, mãe e filha – fica bem explícito o que pretendo mostrar aqui. A série Maid conta a história de três gerações Alex (vivida pela Margaret Qualley), sua mãe Paula (papel de Andie

MacDowell) e a pequena Maddy (vivida pela Rylea Nevaeh Whittet), filha de Alex e neta de Paula. Logo nos primeiros episódios vemos Alex fugindo durante uma madrugada com a filha de dois anos. Ela escapa do relacionamento que vive com o namorado, pai da criança, que é alcoólatra e está ficando a cada dia mais agressivo. Mas, para conseguir separar-se, Alex dá-se conta de que não tem nada a seu favor: trabalho, pais acolhedores, amigas em quem se apoiar. Nada! Alex vê-se sozinha, mas não na condição de estar na própria pele, como direi em capítulos seguintes; ela-se vê em solidão de abandono. Sem nenhuma rede de apoio. Mas não é exatamente a esse ponto que quero me atentar. Quero chamar atenção aqui para a repetição transgeracional – peço licença para o pequeno *spoiler* e garanto que ele não tira o brilhantismo da série.

Paula, mãe de Alex, também viveu uma relação abusiva como o pai de Alex. Paula saiu dessa relação, mas o máximo que ela consegue fazer é sair da relação. Ela sai e entra em outra, ou sai e retorna para a mesma. E vemos o mesmo caminho na vida de Alex: ela até termina com o namorado abusador, mas retorna.

Paula só havia ensinado a Alex o caminho até o sair da relação. Qualquer coisa além disso a filha deveria criar sozinha. E aí está o grande desafio da vida. Nossos pais ensinam-nos um caminho, mesmo que desejem que trilhemos um caminho diferente, e eles só dão conta de ensinar-nos a caminhar até onde eles deram conta de caminhar.

Ao desenrolar dos episódios, vemos Alex sutilmente dando passos para fora do cercadinho de sua família. Ela conhece outras redes de apoio, outras referências, outros modos de vida, de pensar, de agir e de ser. E nesse momento é possível aos olhos atentos perceber que aos poucos Alex passa a encarar sua mãe como uma mulher. Ela começa a ver-se e a ver a mãe separada dela. Nesse ponto, ela vê que a mãe talvez seja apenas mais um ser deste mundo. Como consequência disso, ela se enxerga para além de sua própria mãe.

A série nos mostra como a mãe precisa diminuir para que a filha cresça. Ela mãe precisa sair do trono de quem sabe, de quem ordena. Alex só consegue libertar-se da relação abusiva e do ciclo em que estava quando consegue destronar seus pais, entendendo que o que eles transmitiram para ela levou-a a lugares onde ela revivia a mesma história deles, mas que esse *script* passou a ser pouco, incoerente, diferente do que ela desejava da vida. Assim, a partir dessa separação, ela consegue levar sua filha a lugares novos. Inclusive, essa é a beleza da cura: quando um ciclo de violência é quebrado, você também quebra o fluxo de infecção das gerações futuras.

Nos últimos episódios, Alex convida a mãe para ir junto, mas Paula não consegue ir, então ela encara que teria que ir sozinha. Aí podemos retomar a solidão. Antes, Alex estava desamparada, abandonada; agora ela está livre. Se antes ela estava sem bases de apoio, mesmo tendo a mãe e o pai lá, dizendo o que ela deveria fazer, ao libertar-se dos padrões dos pais, ela constrói uma base de apoio para além deles, uma base que a auxilia a percorrer o novo caminho que ela desejava viver.

A liberdade não se trata de não precisar mais de ninguém, mas de você entender que é sua responsabilidade suportar os baques da própria vida sozinha, porque tem coisas que nós precisamos fazer com as nossas próprias mãos. E geralmente elas são as mais difíceis e nos colocam no lugar de protagonista, afinal, a quem pertence a sua própria vida?

Fala-se muito sobre autoconhecimento para a autoestima, mas o grande desafio mesmo é ser. Ser singular. E ser singular implica na solidão. E ninguém é eu. Ninguém é você. Essa é a solidão.[72] Não existe fórmula, receita ou mágica. É preciso coragem, criatividade e responsabilidade. É muito menos trabalhoso usar da própria história como justificativa para o que se repete na sua vida. E assim evitar se deparar com nossa participação nessa história. Ser vítima espectadora, passiva, é mais confortável do que se reconhecer como protagonista da própria história.

---

[72] LISPECTOR, C. Água *viva*. Rio de Janeiro: Rocco, 1973.

Sendo assim, o processo de descolar-se da mãe, do destino traçado pelo Outro, não acontece sem uma boa dose de angústia, de perda, de frustração e de muita criatividade. É preciso que essa filha tope o trabalho, pois pode ser que a mãe responda bem, como pode ser que a mãe dificulte. Lembro ainda, que todo esse processo é inconsciente e nem sempre ocorre aquela mãe que faz drama, diz que a filha não a ama e a está abandonando. Na maioria dos casos, isso acontece sem a mãe dizer uma palavra. Já tive casos, inclusive de mães falecidas, que não autorizavam esse movimento, pois não se trata aqui da mãe de carne e osso, mas da mãe internalizada que constitui seu superego.

Por isso, em psicanálise a cura não é consertar, é admitir. Admitir nossa insignificância, admitir nossos desejos, nossas incoerências, nossas ambiguidades e nossos medos. O saudoso Cotardo Calligaris disse certa vez que na cura, o que se espera é que as descobertas sobre nós mesmos permitam-nos renunciar à tutela dos pais e ao prazer duvidoso de encarnarmos para sempre a "criança maravilhosa" com a qual eles sonharam e talvez ainda sonhem.

O fato é que se tornar adulto é um processo árduo e sempre inacabado, porque o problema do ideal, desse lugar de sua "majestadezinha", é que se torna um pedestal de exigências. Porém não há nada mais incômodo do que atingi-lo, pois quando isso acontece, ele não existe mais. A única maneira de preservar o ideal seria impedindo-se de atingi-lo, e talvez por isso você se sabote tanto.

Por isso, quando falo de autossabotagem, o ponto não é se questionar se você se sabota – isso é fato, somos seres autossabotadores. O ponto é mudar a perspectiva. Ao invés de tomar os atos sabotadores como algo alheio a você, é preciso reconhecer a si mesmo neles, ou seja, seu desejo. Somos seres divididos, queremos muito uma coisa, mas também desejamos outra. E isso mostra a autossabotagem de uma perspectiva diferente: a sabotagem é uma escolha. Mas uma escolha na qual o sujeito pode tirar o corpo fora, é uma forma particular de tentar lidar com a angústia que o atravessa.

A repetição de atos que parecem te levar ao lado oposto do que você quer é, de certa forma, ignorar. Em Freud, a repetição opõe-se ao saber, ao recordar, ao encarar. Mas o inconsciente insiste mesmo com nossa tentativa de ignorar, por isso a autossabotagem nos desmente, mesmo quando juramos que queremos fazer algo, nossa ação revela-nos, nos diz-mente.

Por isso não dar certo, sabotar-se e repetir é bem mais cômodo, pois não exige que encararemos a nós mesmos, nossos desejos, porque depois que vemos, não dá para desver. Aí está a função da autossabotagem: quanto mais atuo, mais intensa é a resistência em enxergar, porque uma vez que vemos, não temos como voltar à ignorância a cerca de si mesmo, não dá mais para dizer que o sintoma não é uma produção do seu próprio desejo.

Lacan diz que a verdade é sempre difícil de suportar. Há alguma coisa que se repete na sua vida, que é sempre a mesma? Essa é a sua verdade. E o que é essa coisa que se repete? É uma certa maneira de gozar. É fazendo corte na repetição que transformamos o circuito dela em uma reta do desejo. Atravessando o sentido de suas repetições, o sujeito pode inventar novas formas de ser para além do obedecer ao gozo do seu sintoma.

A liberdade de ser feliz sozinha não se trata de não precisar mais de ninguém, mas de você entender que é sua responsabilidade suportar as dores e delícias da própria vida, porque tem coisas que nós precisamos fazer com as nossas próprias mãos.

O MEDO DA SOLIDÃO

Amar e viver é justamente elaborar lutos, lutos do que a gente pensava ser a vida, luto do que pensávamos ser amor, luto do que esperávamos do outro e de nós mesmos.

(Ana Suy)

Diante de tudo que apresentei aqui até agora podemos ver o quanto o desamparo nos marca, e durante toda a vida tudo o que fazemos enquanto ser humano é buscar o amor do outro e tentar evitar o desamor, a desaprovação, visto que o medo da rejeição é nosso afeto mais primitivo, a primeira angústia experimentada nesta vida. E como somos educadas desde pequenas com as tecnologias de gênero, que afirmam que só encontraremos a paz, a felicidade e a segurança no amor de um homem, deslocamos para as relações amorosas a fantasia desesperada de reencontrar o paraíso intrauterino.

Como vimos, "a vida psíquica começa com uma experiência de fusão que leva a fantasia de que existe apenas um corpo e um psiquismo para duas pessoas e que estas constituem uma unidade indivisível".[73] Como a criança, quando nasce, no melhor dos cenários, ditará a rotina da casa e terá uma mãe devotada, atenta aos menores sinais de incômodos, e às vezes até antecipando o que esse ela precisa.

O bebê cria a fantasia de onipotência, de que ele controla o seio, o corpo e todo o mundo. Então, embora ele já tenha saído do corpo da mãe, ele não tem consciência disso e passa a acreditar que ele é esse universo todo completo, maravilhoso, poderoso. E a nostalgia de retornar a essa fusão ilusória, o desejo de tor-

---

[73] MCDOUGALL, J. *Teatros do corpo*. O psicossoma em psicanálise. 3. ed. São Paulo: WMF Martins Fontes, 1999. 194 p.

na-se mais uma vez onipotente, sem nenhuma frustração, sem nenhuma responsabilidade e sem nenhum desejo frustrado, jaz profundamente em nós.

No entanto nesse cenário não há possibilidade de existir qualquer identidade individual. É necessário que encontremos uma forma de lidar com essa separação de forma impulsionadora para a vida, e não como perda e ameaça. A "luta contra esse desejo – de retornar ao estado de fusão com a mãe-universo – e o luto que ela impõe são compensados pela aquisição da subjetividade. Estas vão tornar-se centros em torno dos quais se articulam o sentido de self e o de identidade individual".[74] Mas "toda vez que a separação e a diferença deixam de ser percebidas como aquisições psíquicas consecutivas à aceitação da alteridade, essas duas situações passam a ser temidas como perdas, como lutos ameaçando a imagem do self".[75] E por isso é mantida a ilusão de uma união fusional com a imago materna arcaica da primeira infância. Ou seja, é preciso bancar perder para ser sujeito, perder a fantasia de completude com a mamãe, porque se a mãe é nosso primeiro amor, é a separação dela que possibilita todos os outros. Mas como fazer esse movimento de separação sendo mulher dentro do patriarcado em todo contexto que já apresentei anteriormente? Por termos essa nostalgia em nós, tudo aquilo que expõe nossa condição faltante – o encontro com o outro e o amor – faz emergir nossa busca desesperada para reencontrar o paraíso perdido – quem nunca disse que tinha vontade de voltar para o útero?

Então, ao contrário do que muito se fala, Freud constata que a mulher tende a repetir a relação com a mãe e não com o pai, mas muito além da relação cotidiana, a mulher tende a repetir a relação inicial de total sujeição ao desejo do Outro, de total dependência e possessividade.

---

[74] *Idem.*

[75] *Idem.*

Sendo assim, a forma como as mulheres relacionam-se é afetada pelo quanto a dependência infantil que tinha da mãe foi elaborada. Se fizer bem a separação, o indivíduo será mais autônomo; se ele for muito apegado à nostalgia desse passado fantasioso de completude, sentir-se-á vulnerável, sentirá a mesma insegurança infantil de morte, e exigirá ser um com o outro, aprisionando o amado em vínculos sufocantes, mesmo que custe a própria liberdade, pois não consegue ficar sozinha e, por isso só se sente bem ao lado da pessoa amada, reeditando a mesma forma primária de vínculo com a mãe, o antigo medo infantil de ser abandonada reaparece.

E isso pode encontrar um desafio à parte quando a relação com a mãe foi marcada por desamparo, desatenção ou desinvestimento, pois a base da nossa autoconfiança é a representação psíquica que introjetamos da figura materna. E se por razões inconsciente, ou práticas da sobrecarga materna, essa mãe não conseguir proteger o bebê dos sofrimentos causados por fome, sono, medo, raiva ou por estar molhado, e todas as demais necessidades de um bebê que ele não consegue resolver – e que, se resolvidas, trazem confiança, conforto e alívio dos sofrimentos psíquicos e físicos –, o infante terá dificuldade em "[...] distinguir a representação de si mesmo da representação do outro. Consequentemente, pode suscitar uma representação corporal arcaica [...] e a distinção entre corpo materno e corpo da criança permanece confusa.[76]

Isso não só aprisiona essa mulher, na vida adulta, ao modo de vida da mãe, como a mantém compulsoriamente buscando no amor o lugar de fusão ilusória da primeira infância, acreditando que será no amor de um homem que encontrará a solução de todos os problemas e a salvação da própria vida, o que faz com que essa mulher sinta que sem um homem é como ela não existisse.

Assim como "um lactante aprende muito depressa os gestos e movimentos que fazem com que sua mãe se aproxime, bem como

---

[76] *Idem.*

aqueles que não obtêm resposta ou que até despertam rejeição"[77], repetindo a mesma dinâmica a mulher aprenderá que "ser mulher significa ajustar sua imagem de acordo com as necessidades e exigências dos homens [...] convencidas que seu papel não é o de ser humano, mas o espelho que reflete o ideal e a fantasia do homem".[78] Por isso fará de tudo para receber o olhar desse homem e, depois, tudo para mantê-lo, pois ela vivencia a solidão e a individualidade com temor, como se fossem a perda daquilo que lhe parece vital para a sobrevivência.

Isso se dá porque qual a ameaça que nós, mulheres, recebemos? "Se você ficar assim, ele te larga", "Se você for isso ninguém vai te querer". Essas ameaças funcionam tão bem porque elas encontram nosso medo mais essencial, o de ser abandonada e acabar morrendo. E isso é o que torna tão difícil para a mulher ter autonomia e independência, porque, por não suportar a própria presença e a solidão de habitar a própria pele, ela foca todas as suas forças e energia em ser aprovada e aceita. É assim que o sentimento de rejeição controla e domina a vida feminina.

Nesse aspecto é preciso olhar para a construção social. Nós, mulheres, enquanto grupo, vivemos sob ameaça masculina institucionalizada. A sociedade em que vivemos é de moldes patriarcais, baseados na opressão masculina e na cumplicidade feminina na própria subordinação. Dessa forma, os papéis de gênero também irão ditar quais discursos operam em nós, definindo quais lugares podemos acessar, e o lugar de sujeito desejante não é um deles.

Desde as ultrassonografias que afirmam que somos fêmeas, aos chás-revelação, no momento em que é constatado que temos vagina, o mundo cor-de-rosa já começa a influenciar nos limites que devemos seguir. Desde o nome escolhido, as idealizações e as expectativas, tudo é imbuído de sentido, de significados e de cobranças. E o mais importante de nos atermos aqui é que essa

---

[77] *Idem*

[78] LINS, Regina Navarro [1948]. *A cama na varanda*: arejando nossas ideias a respeito do amor e sexo. 11. ed. Rio de Janeiro: Best Seller, 2017. 476 p.

> [...] noção de pessoa influencia intrinsecamente na nossa noção de bem-estar e saúde, mudando até mesmo a visão que temos do nosso próprio eu. [...] Pois eles agem como guias de comportamentos, emoções, censuras, desejos e limites.[79]

O patriarcado, como qualquer sistema de dominação, precisa socializar todo mundo para acreditar que em todas as relações humanas há um lado superior e um lado inferior, que uma pessoa é forte e a outra fraca e, consequentemente, é natural que o poderoso domine o que não tem poder.

Gostaria que entendessem aqui que não é possível falar sobre autoestima e autonomia feminina sem considerar nossa construção de feminilidade. Desde a saída do útero, meninas são levadas a entender que sua beleza é o que têm de mais especial em si, e principalmente a partir de uma certa idade, são desencorajadas a suar, sujarem-se, correr qualquer tipo de risco. São mais protegidas fisicamente do que meninos, porque os adultos entendem que elas são mais frágeis.

Assim, perdemos a chance de explorar a nossa capacidade e o nosso potencial, não aprendemos a amar nosso corpo e vida pelas funções e possibilidades para experienciar a realidade, entendendo-os como um excelente veículo de criação e obtenção de prazer, e não de aprovação. Não recebemos base para desenvolvermos a confiança em nós, já que nunca pudemos arriscar e, por isso, aprender a lidar ativamente com o risco. Assim, as mulheres passam a vida toda sendo educadas a buscar um homem, a fazer com que o príncipe as escolha, na tentativa não só de curar o vazio existencial de não saber o que é ser mulher e dos desafios da vida, como, principalmente, fugir da violência masculina estrutural.

Graham afirma, a partir de seus estudos e pesquisas, que, sem homens, as mulheres veem-se diante do conflito e da angústia de não saber o que significa ser mulher, feminina, atraente. Porque se a base da autoestima feminina é o mito do amor romântico, a vida longe dos homens é uma ameaça à sobrevivência psico-

---
[79] ZANELLO, 2018.

lógica das mulheres. É por isso que as mulheres acreditam que sem homem a vida não vale a pena.

E quanto mais esforço tiver sido feito para construir e manter os relacionamentos com os homens, menor a probabilidade de se afastarem da ideia de que precisam de um relacionamento amoroso com um homem para viver. Isso se dá porque nós, mulheres, enquanto grupo, experimentamos nosso senso de si pelo olhar masculino, então, sem homens, não sabemos quem somos.

Podemos observar como mulheres adotam a perspectiva masculina até quando isso vai contra seus próprios interesses. Não à toa, a maioria das mulheres relatam sentirem-se vazias quando passam por períodos em que não há homens em suas vidas. [80] Isso nos mostra como a profundidade desse vazio revela a extensão da perda do senso de si das mulheres na ausência do olhar masculino.

A relação amorosa, então, parece ser a única forma de existência para a mulher. É como se seu corpo não lhe pertencesse. Ela não está autorizada a desfrutar dele, da sua própria força, não pode caminhar pela vida. Resta-lhe buscar um corpo para dois, um sexo para dois, um psiquismo para dois e até uma única vida para dois. Tanto que a dependência entre um casal é encarada por todos com naturalidade, levando as mulheres a relacionarem-se muito mais por necessidade do que pelo prazer da companhia do outro.

> Espera-se que o parceiro adivinhe o que sente ou deseja, [...] que esteja sempre pronto para fazer tudo que torne a feliz. Não é assim com o bebê? A mãe deve estar sempre voltada exclusivamente para ele. Deve perceber de imediato se seu choro é de fome, sede ou frio.[81]

---

[80] GRAHAM, Dee L; RAWLINGS, Edna; RIGSBY, Roberta. Amar para sobreviver: mulheres e a síndrome de Estocolmo social. Tradução de Mariana Coimbra. 1. ed. São Paulo: Cassandra, 2021.

[81] LINS, 2017.

Afinal, "[...] a mãe, especialmente, é quem assume a função de aparelho de pensar para seu filho".[82] E as mulheres, por serem educadas com baixíssima percepção das próprias vontades e necessidades, consegue um substituto para a mãe, alguém que pense por elas e que diga quem e o que devem ser, pensar e sentir. Ao contrário do homem, que é estimulado à independência e à força desde o nascimento, as mulheres não são ensinadas a defenderem-se, a cuidarem-se e a bancarem a própria existência.

A liberdade as assusta, já que elas foram ensinadas a acreditarem que, por serem mulheres, não são capazes de viver por conta própria, que são frágeis, com absoluta necessidade de proteção. Desde a infância, a mulher desenvolve uma grande dúvida interna quanto a sua competência e, quando porventura surge uma chance de conseguir independência, assusta-se e volta atrás.

---

[82] MCDOUGALL, 2018.

> Se pelo desamparo o ser humano atrela o ser amado a uma questão de sobrevivência, a mulher, por ser educada numa ausência de si, acredita ser apenas pela via da aprovação externa sua chance de sobrevivência, principalmente a aprovação vinda de um homem que a escolha e entregue a ela o título que possibilite gozar a vida por meio dele, que detém o poder e o direito ao desfrute.

Pesquisas apontam que as bebês meninas são mais carregadas no colo do que os bebês meninos. Os pais são mais vigorosos e violentos ao brincarem com os meninos. Isso tem resultado perceptível: as meninas são menos valentes e corajosas que os meninos. Segundo Lins,[83] isso se cristaliza por toda a vida. Já na idade escolar, por exemplo, as meninas são privadas do mesmo espaço físico que os meninos. Elas têm seus movimentos limitados e não têm o poder de decidir sobre seu tempo livre. As professoras costumam sentar os meninos junto às meninas, alegando que a presença delas, mais atentas, disciplinadas e comportadas, acalma os meninos, que são sempre agitados e impulsivos. Ou seja, desde cedo as mulheres cuidam dos homens, restringindo seus próprios movimentos e limitando-se a eles. As meninas são ensinadas a sempre dependerem de alguém que as protejam e as ajudem, o trabalho de cuidar dos meninos, é um treinamento para aprenderem como devem agir na vida para conquistarem sua benevolência.

Dessa forma, quando surge um relacionamento amoroso, a dependência é transferida e encontra destino no parceiro. Tentam suprir todas as necessidades infantis, construindo relações em que reproduzem a mesma dinâmica de mamãe-bebê na tentativa de diminuir as chances de abandono. O desejo por uma vida livre fica em segundo plano, sufocado pelas inseguranças pessoais, o que favorece esse mecanismo de controle.

Para Freud, as meninas encontrariam maior dificuldade em passar ao narcisismo secundário[84], ficando assim, presas ao modo de amar narcísico. E para explicar isso, ele recorre à importância do olhar do outro para a construção da noção de eu na mulher, segundo ele, quando as meninas passam pela puberdade, as mudanças corporais provocam o olhar dos homens, o que revive

---

[83] LINS, 2017.
[84] O narcisismo primário é o que descrevi no capítulo 4 deste livro, fase em que o bebê não se reconhece como um ser separado e só existe a partir do olhar do Outro. Já o narcisismo secundário daria num segundo momento, quando o bebê começa a se ver como um eu separado do outro, o que lhe proporciona se deslocar do lugar de imagem ideal de seus pais.

a posição do narcisismo primário, "e isso é desfavorável para o desenvolvimento de uma verdadeira escolha objetal com a concomitante supervalorização sexual"[85]. O que nos leva a entender que, "com as mudanças que acontecem no corpo feminino no início da adolescência, as meninas novamente precisam de um investimento narcísico primário[86]" – sentem que dependem do olhar do outro para existir – tal qual precisamos na primeira infância. Ficam presas a exigência de serem o eu ideal, ao invés de se descolarem e ocuparem o lugar de ser desejante que possibilita construir ideais para o Eu.

Por isso, mesmo depois de adultas as mulheres vivenciam o medo infantil de serem rejeitadas e abandonadas, porque associam que não serem amadas por um homem equivale a perder tudo, à morte, ao total desamparo. Como vimos, esse risco é real na infância, porém, a partir da socialização, ele se cristaliza, e como mãe e filha encontram grandes desafios para efetivarem a separação, devido a complexidade da relação, permanecem em ciclos de dependência, sendo comum grande parte das mulheres só saírem de casa quando se casam; O que ao meu ver demonstra como elas acreditam não serem capazes de cuidar de si mesmas sozinhas, e por isso, precisam substituir a figura materna pela do marido.

Mesmo que seja uma mulher forte, decidida, independente, que consegue resolver bem as questões práticas da vida, ela não acredita que pode viver bem sozinha, até porque isso é um atentado ao sistema patriarcal. Uma mulher solteira feliz é uma afronta, eles precisam que as mulheres solteiras acreditem serem infelizes, ainda que com enormes realizações; elas devem acreditar que precisam de um homem, porque só assim poderão ser usadas como exemplo de fracasso para as mais jovens, somente assim continuarão submetendo-se às necessidades e às exigências

---

[85] FREUD, S. *Introdução ao narcisismo* (1914-1916). *In*: FREUD, Sigmund. Obras completas volume 12; Introdução ao narcisismo, ensaios a metapsicologia e outros textos. Tradução de Paulo César de Souza. São Paulo: Companhia das letras, 2010. p. 95.

[86] SUY, 2016, p. 249.

masculinas. Mesmo aquela que estuda e tem planos profissionais, continua alimentando o sonho de um dia encontrar alguém que irá protegê-la e dar significado a sua vida, não dando ênfase a uma profissão que a torne, de fato, independente, fazendo do casamento seu principal objetivo.

> [...] visto como insubstituível fonte de segurança e usado como arma ideológica contra a mulher: uma pessoa só se realiza no casamento.; Como você vai se manter se não casar? Uma mulher não pode viver sozinha; A verdadeira felicidade de uma mulher é ter filhos; esses slogans são repetidos incansavelmente, mesmo que de forma subliminar.[87]

Para muitas mulheres é difícil fazer qualquer coisa sozinhas. É como se preferissem estar por trás de alguém. Não nos ensinam a desenvolver autonomia, somos subjetivadas para o privado, para o lar, para estarmos sempre na sombra de alguém, cuidando, dando suporte para que os homens brilhem.

Mulheres tendem a subvalorizar suas conquistas e suas capacidades e a dizer não quando recebem uma oferta de espaços de representação. Muitas se autoexcluem e deixam de ocupar espaços que poderiam ser delas. Isso faz parte do arcabouço patriarcal: as mulheres são condicionadas à socialização – espera-se delas menos agressividade e menos ambição – e não são representadas em âmbitos de poder. Os

> [...] dominadores desejam ser vistos como maiores do que são, porque isso representa poder e direitos. Já as subordinadas são levadas a desejarem serem vistas como menores do que são, indefesas, dependentes, porque não querem ameaçar os dominantes, é uma questão de sobrevivência.[88]

Por isso, a voz que te diz que você não merece, que você teve apenas sorte ou que não é boa o suficiente é um homem.

---

[87] LINS, 2017.
[88] GRAHAM, Dee L; RAWLINGS, Edna; RIGSBY, Roberta, 2021.

É a voz da dominação que foi introduzida, internalizada e cristalizada em você para que você seja cúmplice na manutenção da sua própria opressão.

E a mulher torna-se cúmplice da própria subordinação porque

> [...] atitudes e comportamentos femininos e masculinos são ensinados às crianças desde muito cedo e, dessa forma, vão sendo assimilados a ponto de serem confundidos, mais tarde, como fazendo parte de suas naturezas.[89]

Então as mulheres constroem a identidade de que realmente são fracas, dependentes e que não sabem cuidar de si mesmas, e por isso precisam de um homem que faça essa função, o que as impede de amarem como iguais, relacionando-se com o homem como uma criança relaciona-se com o genitor.[90] Ou seja, a mulher não aprende a amar nem a ser amada.

Bell Hooks diz que saber ser solitário é fundamental para amar. Quem não consegue estar sozinho tende a estar e a usar os outros como forma de escape. Mas como aprender a bancar a solidão quando crescemos ouvindo – em tom de ameaça – que se não formos boas meninas ficaremos sozinhas? As mulheres casam-se com seu guarda-costas.[91] Isso as leva a ter gratidão pela proteção masculina, esquecendo que é justamente a violência masculina que tornou essa proteção necessária.

Fazemos vista grossa para o fato de que a formação de um casal com um homem bondoso intensifica nossa dependência em relação a ele, prepara o terreno para nossa opressão e isola-nos de outras mulheres ainda mais. "[...] os homens agem como protetores das mulheres – mas não de graça, e, mesmo pagando o preço, a proteção masculina não é garantida".[92] Por isso acredito

---

[89] LINS, 2017.
[90] GRAHAM, Dee L; RAWLINGS, Edna; RIGSBY, Roberta. Amar para sobreviver: mulheres e a síndrome de Estocolmo social. Tradução de Mariana Coimbra. 1. ed. São Paulo: Cassandra, 2021.
[91] *Idem.*
[92] *Idem.*

que a verdadeira libertação reside na autonomia, na criatividade e na responsabilidade em relação à vida.

É claro que isso não é nada fácil se você é uma mulher. Somos ensinadas a não sermos espontâneas e criativas, e sob qual ameaça? De ficarmos sozinha, de não sermos amadas, de ficarmos solteiras. Mas e se você construir sua própria forma de ser feliz? E se você parar de se ver pelos olhos externos do patriarcado e enxergar a si mesma? Criar suas próprias noções de realização e de felicidade?

O medo da solidão só controla a vida das mulheres porque temos medo de ser, de existir, de bancar a nossa própria existência; temos medo de olhar para o vazio, para o fato de que nascemos sozinhas, que encontramos, sim, boas pessoas ao longo da vida, mas, no final, ninguém pode estar no nosso lugar, não existe um corpo para dois.

Jung[93] disse que,

> [...] no fundo, a terapia só começa realmente quando o paciente vê que quem lhe barra o caminho não é mais pai e mãe, mas ele próprio, isto é, uma parte inconsciente de sua personalidade que continua desempenhando o papel de pai e mãe.

E eu diria que talvez a vida só comece a partir daí também, quando passamos a ver nossa participação na vida. Pois para ser possível a apropriação da sua história é necessário reconhecer a própria ação frente as desordens da qual você se queixa.

Claro que isso requer coragem, responsabilidade e, principalmente, criatividade. Ao contrário do que a maioria pensa, bancar os próprios desejos não é simplesmente querer algo e desfrutar do que se quer. O desejo implica esforço particular, incluindo perdas, escolhas e movimentos. Não à toa, a nossa sociedade é repleta de pessoas que sonham em ganhar na loteria, mas não jogam;

---

[93] JUNG, Carl Gustav, 1875-1961. *Psicologia do inconsciente*. Tradução de Maria Luiza Appy. Petrópolis: Vozes, 1980. 92 p.

pessoas que sonham em se casar, mas vivem de joguinhos ou se interessam só por pessoas "indisponíveis".

Em geral, temos duas fugas clássicas do desejo: a insatisfação ou a impossibilidade. Há pessoas que dizem saber o que desejam, mas que o outro atrapalha, não facilita, e por isso se mantêm insatisfeitas. É o sujeito que quer, quer muito, mas prefere ficar querendo. E há aquelas que se sentem impotentes, como se o objeto de seu desejo fosse inalcançável. Elas veem-se censuradas, acreditam no: Eu quero, quero muito, mas não posso. Essas pessoas sabotam a si mesmas na tentativa de manter o desejo conservado, acreditando que ele é proibido ou que o objeto lhe foi roubado, porque se movimentar é comprometer-se com o que se deseja.

Dessa forma, a mulher que diz querer ser forte, independente, mas se mantém presa aos ideais patriarcais, por mais que sofra frustrada, tem a vida previsível. Nem sempre visamos ao prazer, a quem "prefira" a previsibilidade da repetição para defender-se da imprevisibilidade da vida, e por isso fica preso no mesmo lugar. Como disse no capítulo 2 em um primeiro momento, sem o Outro, somos nada; então na vida adulta, desvencilhar-se dessas demandas do Outro e posicionar-se como um sujeito desejante é confrontar nossa condição inicial: somos nada!

É por isso que algumas pessoas "preferem" manter os rótulos que lhes foram atribuídos, como "sou tímida", "inteligente", "burra", "incapaz", "boazinha", "a filha bem-sucedida", "a filha fracassada". E assim, elas transformam suas vidas em uma manutenção dos ditos, bons ou mal-ditos, porque pelo menos elas são alguma coisa para o Outro. E se engana quem pensa que "rótulos positivos" são preferíveis. Sendo um imperativo, o sujeito está condenado a ser aquilo, somente aquilo e negar todas as suas ambiguidades.

Recentemente vi um vídeo de uma moça dizendo: "Se para não sofrer por amor temos que ter os pés no chão, os meus estão parafusados". Pois bem, ela impede-se de caminhar pela vida só para não sofrer mais e, talvez, este seja o pior dos sofrimentos:

impedir-se de sofrer mudanças e transformações. Ao tentar controlar as imprevisibilidades do encontro com o mundo, o sujeito enclausura-se no próprio narcisismo e impede-se de qualquer encontro, inclusive o encontro com o amor, e não só o romântico, mas o próprio. Aprender a contar conosco exige de nós a arte de saber dançar com as adversidades e transformá-las em algo. Só crescemos dentro do útero materno até certo momento, depois é preciso nascer.

O medo de ficar sozinha e a impotência estão intimamente ligados. Quem não cresce não abre mão da nostalgia de ser um bebezinho no útero com todas as necessidades atendidas pelo Outro, recusando a própria potência criativa. Jéssica Petit[94] disse uma vez que "carência não é quando percebemos que algo nos falta, seja amor ou alguém, mas quando não sabemos o que fazer com o estado de vazio, quando não sabemos transformar o vazio em potência". Esperar que alguém cuide da nossa existência é nos desumanizarmos, incapacitarmo-nos, é nos matarmos em vida pelo medo de viver.

Muitas mulheres passam a vida morrendo de medo de perder a aprovação e o amor do outro sem se darem conta de que essa segurança é uma grande ilusão, que, no final das contas, têm medo de perder algo que nunca tiveram. Quem não conquista a si mesma fica em eterno estado de carência porque não tem recursos internos suficientes para lidar com a vida tal qual ela é.

As mulheres precisam deixar de serem tão narcisistas. Para o sujeito narcísico é mais suportável viver eternamente na busca, queixando-se, do que se desfazer de suas ilusões, principalmente das que têm sobre o próprio Eu. Nessa fuga, muitas vezes elas não se permitem viver, não andam, não se abrem, não se arriscam a serem felizes nem a terem sucesso. Elas acreditam ser possível, mediante a sujeição ao Outro, protegerem-se de prováveis dores que o contato com o real pode lhes causar.

---

[94] Socióloga política e filósofa via texto em seu instagram @petitoiseauu

Freud diz que a mulher tende a amar de forma mais narcisista - claro que não há amor sem narcisismo. Porém para que haja amor é preciso que o narcisismo seja frustrado. - Para o autor, o amor narcísico é quando ele não é pelo outro, mas pelo próprio ideal no outro. É uma tentativa de restabelecer o narcisismo primário – a fase de "sua majestade, o bebê" – de forma direta. São pessoas que deixam de investir em si, fazem-se de objeto para o outro na espera de que ele dê de volta tudo o que elas perderam.

É importante lembrar que ninguém tem um tipo de amor puro, é sempre uma mistura entre amor objetal e narcísico. Mas podemos pensar como as mulheres tendem a ter um amor mais narcísico, interessam-se pelo potencial que elas acreditam que os homens têm, um potencial de um ideal que sustentaria nelas o ideal que elas gostariam de ser.

Ao longo dos anos as mulheres aprenderam a se fazer de objeto do outro para serem escolhidas. Sendo assim, a autoestima terceirizada coloca-as na posição narcísica de buscar um homem que as coloque no pedestal da "mulher para casar". Claro que é mais fácil acreditar que se ama e se é amada quando se tenta corresponder ao ideal do outro. No entanto, tendo a autoestima terceirizada, o narcisismo fica frágil, dependente do Outro. E ao se fazerem de "coisa" para terem a validação do outro, mesmo que essa validação venha, ela é falsa, criando-lhes, então, a imagem de impostoras; e, talvez, em certo grau realmente sejam. E, assim, ficam sem base para um Eu que não seja o ideal do Outro.

> Mesmo depois de adultas as mulheres vivenciam o medo infantil de serem rejeitadas e abandonadas, porque associam que não serem amadas por um homem equivale a perder tudo, à morte, ao total desamparo.

A MULHER VIROU BICHINHO DOMÉSTICO

> "São muitas razões pelas quais o consentimento de uma menina ou mulher não é livre e todas se relacionam com sua posição subordinada. [...] meninas e mulheres são treinadas para se curvarem aos homens, para não deixá-los irritados."
>
> (Sheila Jeffreys)

Pense em um animal forte, poderoso e potente. Agora imagine que ele foi trancado em cativeiro e hoje vive amedrontado por um tratador que o alimenta, dá-lhe casa e comida, algum cuidado e carinho. Esse tratador exibe o animal exótico aos amigos, brinca com ele, jura que cria o bicho com todo cuidado e amor, só se esquece de que o bicho nasceu para ser livre e para explorar a natureza, ou melhor, finge não se lembrar, porque quem não se lembra mesmo é o bicho, que aprendeu que a natureza é perigosa demais e que o tratador bondoso o resgatou. Esse bicho? É a mulher.

Nos últimos séculos, o homem foi identificado à racionalidade e a mulher à figura insana.[95] Nesse contexto, a loucura é tomada como a própria essência feminina e ela deve ser domesticada. Com a naturalização da devoção ao outro e a demonização da potência em uma mulher, mulheres tomaram a própria opressão como identidade feminina, e uma mulher que não desempenhe o papel de doce, de amável, de submissa, de quietinha e boazinha, é menos mulher.

A ciência e a religião têm papel importantíssimo nisso. Do ponto de vista religioso cristão, desde Eva, o lugar dado para a

---

[95] ZANELLO, 2018.

mulher é o de culpada, a que levou o homem ao pecado. "A mulher sábia edifica, a tola destrói com as próprias mãos"[96]. O homem é a imagem e a semelhança de Deus, recebeu o sopro de vida direto em suas narinas, enquanto a mulher é uma criatura feita de um pedaço de carne, que veio do homem, do desejo do homem por ver-se só, precisando de amparo emocional e sexual. E a ciência, que em grande parte foi escrita por homens, tratou logo de criar teorias e pensamentos que reforçam esses pensamentos.

Dessa maneira, a forma como nos olhamos é carregada de sentido e significados atribuídos pela cultura, que determina o que será valorizado, inibido, expressado ou reprimido. Aprendemos, então, que "ser mulher de verdade" é calar-se, é viver com autocobranças e críticas internas, é encolher-se e fechar-se até nem conseguir olhar-se, e agradecer por receber o olhar de escolha masculino.

Não somos socializadas para desejarmos, somos ensinadas a sermos desejadas, por qualquer um que seja, para nos sentirmos boas o suficiente, o que fragiliza nosso amor próprio e nos faz refém da aprovação externa. Em meio ao processo de objetificação de nós, mulheres, ensinaram-nos a amar incondicionalmente o outro, a ponto de ficarmos vulneráveis em nossos vínculos e aceitarmos qualquer migalha de amor. Para isso, lutamos contra nossos corpos, nossas personalidades e contra o tempo. Somos colocadas na prateleira do amor, uma prateleira misógina, que dita pela beleza hegemônica quem está ou não no topo dessa hierarquia. Para o padrão atual, a mulher loira, branca, jovem e magra. E passamos a vida querendo estar nesse lugar para sermos vistas e escolhidas por um homem. Sermos escolhidas, a partir da nossa cultura, representa o sucesso de vida, significa estar no caminho certo, pertencer, performar a feminilidade de que eles tanto se beneficiam.

E vale ressaltar que a prateleira não beneficia mulheres, apenas os próprios homens, que se colocam no lugar de dublês de

---

[96] Livro de Provérbios 14:1 na bíblia sagrada cristã.

Deus para julgarem quem é digna ou não. E como objetos lá ficamos, à mercê da escolha e da aprovação deles. E para tentarmos nos destacar, rivalizamos umas com as outras, aprendemos que a mulher é ameaça e não companheira, e com isso enfraquecemos nossa potência e nossa voz coletiva.

Isso marca profundamente a nossa forma de nos relacionarmos com os outros, porque deturpa a forma como nos enxergamos, levando-nos a aceitar e a agradecer por relações injustas, às quais nos doamos tanto para estar no topo que não nos sobra mais nada. E o resultado é culpa, baixa autoestima e sentimento de insuficiência. Estarmos nesse lugar de avaliação física e moral é perigoso e nos impede de nos amarmos, de desenvolvermos habilidades; é um apagamento do nosso poder.

Perceba, então, que se amar é aprender a amar a apropriação de si, uma situação quase impossível para as mulheres, pois numa sociedade patriarcal, em que a mulher foi sempre rotulada em categorias, firmar a própria autoestima sem aprovação externa é um desafio que beira à impossibilidade.

Assim, o papel de boazinha serve como tentativa de nos fazermos suficientemente boas nessa sociedade. E a violência simbólica vai ficando tão sútil que não sentimos nem o incômodo, porque se incomodar é atentar-se às próprias necessidades, e isso atrapalha o papel de orbitar os homens para seduzi-los, para sobreviver. Por isso aprendemos a silenciar essa voz interna, aprendemos a não acreditarmos em nossos próprios sentimentos e em nossas próprias emoções, afinal, o empoderamento ameaça as instituições poderosas governadas pelos homens.

Eles precisam que vivamos com medo – medo de sermos despedidas, de não sermos amadas, de sermos desaprovadas. Eles nos controlam a partir do medo, e se acreditamos que devemos nos submeter aos homens e sermos violentadas por eles por vontade de Deus, ou por ser algo natural da essência feminina, não nos questionamos. Inclusive, culpamo-nos por sentir raiva disso. E não sobra outro lugar senão o próprio corpo para direcionar toda a agressividade. "O patriarcado nos fez engolir goela abaixo nossos desejos e costurou nossas bocas. Por onde sairá a angústia?"[97] Costumam dizer aos quatro cantos: "Meu corpo, minhas regras". Mas que corpo? "O corpo que nos foi dado é desconhecido, emudecido e prisioneiro do desejo do outro."[98]

Então pense comigo: tudo o que aprendemos sobre ser mulher vai na contramão do que é desenvolver amor próprio. E, ainda por cima, reduzem a nossa complexidade. Passaram a vender pílulas, gominhas, *makes*, procedimentos estéticos, contos de fadas, fórmulas de relacionamento e mais um monte de baboseiras para evitar que nos olhemos, que nos amemos, e, ainda, fazer-nos sentir que somos insuficientes por não conseguirmos. Pense bem: quantas indústrias estariam falidas se as mulheres acordassem se amando? Pense no quanto os homens teriam que repensar sua forma de se relacionarem conosco. Hoje, a principal engrenagem da nossa sociedade patriarcal capitalista de supremacia branca é o ódio às mulheres, principalmente aquele que temos por nós mesmas. É fato que papéis sociais de gênero impedem-nos de viver uma vida autônoma, livre e feliz.

Talvez você se questione muito sobre uma fórmula do amor próprio, mas provavelmente não veja o mais importante: que amar é aprender a amar a sua apropriação (a.própria.ação) de si. É sobre perceber a sua história como parte importante de quem você é, mas que não diz tudo nem define o seu destino. É sobre você implicar-se nessa história, responsabilizar-se em fazer algo do que fizeram de você. Para isso é preciso saber cuidar-se, priorizar-se, ser sua própria base de maternagem, de proteção e de suporte.

No entanto, ao longo de nossas vidas, nós, mulheres, fomos ensinadas a ocupar o mínimo de espaço possível, a sermos submissas e não amáveis. E a submissão é a morte do amor, porque ela pressupõe que o amor do outro virá da nossa devoção e da

---

[97] Tiane Almeida via instagram @tianealmeida_
[98] *Idem.*

nossa anulação, que devemos abrir mão do que somos, pensamos e desejamos, para receber migalhas de atenção e afeto.

Assim, somos colonizadas pela ideia de que a condição para sermos amadas é sermos obedientes e aprovadas pelo outro. E como pode alguém ser amada assim? Como podemos nos amar se reduzimos a nós mesmas a meros objetos do outro? Ao fazermos isso, já não existe diferenciação entre eu-outro. Passamos todo o nosso tempo tornando-nos pequenas, até que chegamos a um ponto em que não sabemos mais o nosso valor como pessoas.

O medo que a mulher tem de ficar sozinha, como um bebê que se desespera na ausência materna, é um dos mais eficientes projetos patriarcais, porque, ao temer a solidão, de um lado essa mulher anula-se para caber nas expectativas do outro, beneficiando os homens, e do outro ela goza como cúmplice na espera de ser amada, idolatrada e dona do desejo do outro. Ela fica desesperada para ter um mestre, um senhor, para não ter que se responsabilizar pela própria vida. Tudo para não ter que suportar a ela mesma.

A mulher entrega o destino na mão de um outro, deixa que o outro decida o que, como e quando deve ou não fazer isso ou aquilo. E, então, se dá algo errado, ela tem a quem culpar sem ter que admitir sua própria responsabilidade nas escolhas que a prejudicaram. É a lógica do senhor-escravo: a mulher serve ao homem em troca de suposta proteção e suposto sustento; ela é governada por ele e mantém-se como o "bebê da mamãe".

Essa é a lógica das energias feminina e masculina, o absurdo que vem sendo disseminado por aí com completa irresponsabilidade, o que gera relações infantis. Mulheres que não querem bancar as tensões da vida e homens que não querem cuidar das próprias necessidades básicas de adulto. Essas pessoas não querem uma relação, querem uma troca incestuosa e infantil para fugirem de si mesmas.

Desse modo, vão criando toda forma de justificativa falaciosa para isso, como a ideia de a mulher ser emocional. Você já se perguntou a quem serve a ideia de que mulheres são emocionais e os homens racionais? A ideia implantada em nós de que somos mais emocionais sustenta o papel de gênero e, consequentemente, a opressão nas relações heterossexuais. Na ideia de sermos mais amorosas, pacientes, sensíveis e emotivas, viramos reféns de um suposto amor que salvaria até a pior das feras; não à toa, como diz Graham, as mulheres mantêm-se abertas para todos os tipos de homens, pois construímos referências de amor ilusórias, levando-nos a crer que, quanto mais amamos o outro, menos poder temos no relacionamento, menos pensamos. Uma ideia de amor irracional, inconsequente e cego que, claro, beneficia aos homens, pois as mulheres apegam-se mais rapidamente.

É muito comum ver mulheres que saem com a pessoa uma, duas vezes, e já se sentem apaixonadas, como se fosse "a pessoa". Isso se dá porque, inconscientemente, acreditam que quanto mais cedo apegarem-se, mais cedo também irão apegar-se a elas e assumi-las.

As mulheres entram numa espécie: "Sou tudo o que você precisa", e começam a fantasiarem-se de objeto do desejo do outro. Além de colocá-las em perigo por ignorarem os sinais de alerta, isso beneficia aos homens, pois como elas não se preocupam em realmente conhecer a pessoa, pois o foco e atenção está em provar aos homens que elas são boas o suficiente para eles ficarem, o pior dos perebados [99] se torna um príncipe que merece ser disputado e conquistado. O foco e o desejo são não se sentirem rejeitadas, ao invés de ver se aquela relação pode ou não atender às necessidades para um relacionamento saudável.

Como efeito, é bem comum algumas mulheres, logo no início das relações, experimentarem uma onda de emoção forte quando recebem validação, o que as leva a buscarem mais e mais. E elas começam a sentir ansiedade e preocupação quando a validação não acontece, ou quando há alguma mudança na atenção, na interação entre eles; por exemplo, quando eles demoram um

---

[99] Expressão usada pela professora Valeska Zanello para se referir aos homens com inúmeros defeitos, inclusive de caráter, que se sentem semi-deuses diante das mulheres.

pouco mais para responderem uma mensagem ou começam a diminuir a atenção a elas dedicada. As mulheres são treinadas para ficarem hipersensíveis às ações masculinas – positivas e negativas. Graham[100] explica esse comportamento:

> Como a sobrevivência das mulheres depende do conhecimento sobre como as coisas afetam o humor dos homens, nós passamos a vivenciar o mundo pela perspectiva deles. Mais cedo ou mais tarde, deixamos de ter consciência dos nossos próprios sentimentos, pensamentos e humores; temos consciência só dos deles. [...] por vários fatores, [...] um deles é que é vantajoso para nós, mulheres, negar nossos próprios sentimentos, porque eles só atrapalham a tarefa de cuidar dos sentimentos dos homens, que é o que devemos fazer para reduzir a violência masculina contra nós.

As mulheres, então, são tomadas por pensamentos obsessivos sobre se esse homem irá enxergar que ela é a pessoa certa, se ele irá abandoná-la, ou se ela fez algo de errado. Elas passam a ter hiper-foco no homem, tentando adivinhar as necessidades e os desejos dele, inclusive, tentando antecipá-los. É o famoso sexto sentido que, na verdade, é a prova de que o treinamento para a feminilidade como subordinação foi bem instalado.

As mulheres aprendem a ficar alerta aos desejos masculinos e passam a desempenhar determinados comportamentos, pois quando uma mulher faz uso de artifícios femininos, ela pode demandar uma lealdade jamais conquistada por outros meios, sendo a feminilidade – enquanto mapa comportamental desenhado por homens – a estratégia de sobrevivência feminina para conquistar o "inimigo".[101]

Outro exemplo desse desespero feminino de ser assumida é a busca incansável por sinais, logo que conhece o cara, se ele quer só sexo. Você já viu algum homem preocupado de a mulher

---

[100] GRAHAM; RAWLINGS; RIGSBY, 2021, p. 109.
[101] GRAHAM; RAWLINGS; RIGSBY, 2021.

querer só sexo? Pois é. Essa preocupação é feminina e dá-se por dois fatores: primeiro, a socialização feminina não pressupõe protagonismo nas escolhas da própria vida e por isso é preciso saber se o homem vai assumi-la, porque a decisão de ter ou não uma relação não é das mulheres, o que reforça também a posição de estar na prateleira do amor, buscando ser o que, supostamente, um homem deseja, para que ela seja assumida.

E o segundo fator é: os homens sentam-se na cadeira do juiz da moral feminina e sentem-se no direito de definirem as mulheres nas categorias de "para casar" ou "para comer". O medo é de ser colocada no lugar de "para comer", um lugar descartável e sem valor. E como nossa autoestima está baseada no julgamento masculino, isso passa a nos definir.

E veja, não digo que você não deva estar atenta aos sinais que um homem demonstra, mas sim, como você busca sinais: passivamente, vendo se o cara vai te assumir, ou sendo protagonista, observando quem é a pessoa. Afinal, no primeiro encontro você já quer namorar aquela pessoa? Ou você só está com medo de não ser aprovada e isso ferir sua autoestima e te fazer questionar seu valor? Vemos, então,

> [...] como o amor está para as mulheres, como o sexo está para os homens. E assim [...] constrói-se corpos-em-mulher, prontos a se sacrificarem por amor a outrem [...], visto que o amor romântico seria o amor corrompido pelas relações de poder, pois estimula e pressupõe uma dependência psicológica das mulheres, pois mulheres se subjetivam, na relação consigo mesmas, mediadas pelo olhar de um homem que as escolha. Isto é, o amor, ser escolhida por um homem, é um fator identitário para elas. [...] porque homens aprendem a amar muitas coisas, mulheres aprendem a amar, sobretudo, e principalmente, homens.[102]

---

[102] ZANELLO, 2018.

Hoje não faz mais sentido, apesar de ainda ser dito, que as mulheres devem ser somente mães e esposas dedicadas. Atualmente, a mulher está para fora do lar, mas ainda estamos em uma violenta reação contra a nossa emancipação. A qualidade da "beleza" ganhou uma forma universal: branca, magra e jovem. As mulheres devem encarná-la e os homens devem querer mulheres que a encarnem. E, assim, colocamo-nos em uma prateleira do amor[103] em que competimos umas com as outras pela aprovação de qualquer homem, inclusive medíocre.

É fácil observar que as meninas recebem elogios sobre sua aparência, enquanto os meninos são valorizados por sua força e coragem. Eles não aprendem a questionar sua competência pela forma física, mas nós, mulheres, constantemente somos bombardeadas por ditaduras de como devemos nos vestir, maquiarmo-nos, portarmo-nos, para sermos respeitadas.

Perceba como fatores sociais e de gênero impedem-nos de viver uma vida autônoma e feliz, atente-se à construção da sua feminilidade. Os homens precisam que vivamos com medo: medo de sermos despedidas, de não sermos amadas e aprovadas.

As meninas se convencem de que precisam de proteção, sob pena de não sobreviverem. Essa crença é incutida nas mulheres pelas expectativas sociais de base sem fundamentos e pelos temores dos pais. A capacidade das meninas de serem seres humanos independentes é cortada.[104]

Por isso, Graham[105] acredita – e eu concordo –, que se a necessidade de conexão das mulheres está enraizada na sobrevivência, parece duvidoso que uma necessidade desesperada e obsessiva de conexão, como vemos nos relacionamentos das mulheres com os homens, estaria presente numa cultura iguali-

---

[103] Metáfora de autoria da professora Valeska Zanello.
[104] DOWLING, Colette. *Complexo de Cinderela*. Título original: The Cinderella complex – Womens hidden fear of independence. Tradução de Amarylis Eugênia F. Miazzi. 2. ed. São Paulo: Melhoramentos, 2012.
[105] GRAHAM; RAWLINGS; RIGSBY, 2021.

tária e não violenta, afinal, "uma pessoa que demonstra precisar muito de líquidos quando está com sede não demonstra a mesma necessidade quando consumiu líquidos suficiente".[106] Será que em uma cultura igualitária, ser assumida, escolhida e aprovada seria mais importante do que a liberdade da autonomia, a independência e a coragem para enfrentar a vida?

Alguns – ou muitos – homens cometeram crimes contra mulheres e todos se beneficiaram das consequências, que incluem:

> [...] as mulheres permitirem que os homens assumam o controle; as mulheres priorizarem as necessidades dos homens por medo de os irritar, atrapalhar ou provocar, permanecendo assim incongruentes com suas próprias crenças e percepções; e as mulheres ficarem se arrastando como cidadãs de segunda classe.[107]

Se os homens atrelam o interesse deles às mulheres mediado pela subordinação delas, torna-se impossível uma relação sem violência, visto que "todos os relacionamentos em que há desigualdade de poder precisam contar com a ameaça ou com a realidade da violência para se manterem".[108]

---

[106] *Idem*, p. 236.
[107] *Idem*, p. 239.
[108] *Idem*.

> Não somos socializadas para desejarmos, somos ensinadas a vivermos nos perguntando como despertar o desejo de qualquer um que seja, para nos sentirmos boas o suficiente. O que fragiliza nosso amor próprio e nos faz reféns da aprovação externa. Nos ensinaram a amar incondicionalmente o outro, a ponto de ficarmos vulneráveis em nossos vínculos e aceitarmos qualquer migalha de amor.

MULHERES QUEREM A VIDA DE PRINCESA

Seguir o padrão de boazinha, de princesa, de mulher feminina, trata-se, justamente, de tentar defender-se do próprio desejo, é fugir de si, da condição dividida, desejante, faltosa, singular... única.

Sim, as mulheres desejam essa vida, mas não se atentaram ao fato de que a vida das princesas dos contos de fadas resume-se a rivalizar com outras mulheres, serem belas como a grande e maior virtude possível, serem dependentes de um homem para serem salvas e aceitarem toda forma de violência, como ser beijada dormindo, sequestro, *gaslighting*, pressões psicológicas e claro, abrir mão de seus desejos, caudas, poderes, liberdade e autonomia.

As princesas são potentes tecnologias de gênero.[109] Visto que "não somos simplesmente sujeitos. Antes, somos feitos mediante processos de subjetivação"[110] Valeska Zanello aponta como os contos de fadas operam como uma pedagogia afetiva, pois se tornar pessoa vem de estar em determinado grupo, em determinada cultura. E como nossa cultura é sexista,

> [...] tornar-se pessoa vem acoplado a ser homem ou mulher, sendo para mulheres o dispositivo amoroso, mediado pelo ideal estético, e o materno. Já os homens teriam como caminho privilegiado de

---

[109] As "tecnologias de gênero" é um termo usado pela doutora Valeska Zanello para falar de filmes, músicas e repetição de comportamentos que nos submetem à lógica patriarcal de como performar um gênero, como uma espécie de pedagogia afetiva sobre como ser mulher ou homem na nossa sociedade.

[110] ZANELLO, 2018.

subjetivação o dispositivo da eficácia, baseado na virilidade sexual e laborativa.[111]

E você pode até pensar: mas nunca pensei nisso quando assistir a um filme ou desenho de contos de fadas! Mas esse é justamente "o caráter trágico das tecnologias de gênero: você não precisa ter consciência para que elas promovam seus efeitos".[112] Falarei de três princesas como exemplos de relações comuns entre homens e mulheres que se apresentam cotidianamente na clínica com mulheres: Cinderela, Ariel (A pequena sereia), e Bela (A bela e a fera).

---

[111] *Idem.*
[112] *Idem.*

" As meninas se convencem de que precisam de proteção. A maioria das mulheres foi educada de modo a não enfrentar os próprios medos, a recuar diante dos desafios. A capacidade das meninas de serem seres humanos independentes é cortada para que elas se conformem ao destino que é preciso amar e servir homens para sobreviverem.

11.1 CINDERELA: A QUE ESPERA A SALVAÇÃO DO HOMEM

Cinderela é o exemplo clássico da mulher que espera um príncipe que a salve, e enquanto esse príncipe não chega, ela recusa-se a desfrutar de qualquer aspecto da sua existência. Para contextualizá-los: Cinderela perdeu seus pais e morava com sua madrasta malvada e duas irmãs. Ela era escravizada pela madrasta, realizando todas as tarefas domésticas, o que, à primeira vista, pode parecer uma posição sem saída. E vocês podem pensar que já que ela trabalhava em casa, ela não poderia buscar um trabalho remunerado na cidade e pagar um advogado pra lhe dar a parte devida da herança?

Como muitas mulheres, Cinderela exerce diversas funções: trabalham, cuidam, limpam, educam, são escravizadas, e quando há a oportunidade de terem uma função remunerada, ou são mal pagas ou não conseguem cobrar, vivendo sempre sobrecarregadas, sem desfrutarem do que seu esforço poderia proporcionar. Isso retorna para o discurso de papéis de gênero, em que a mulher deve cuidar dos afazeres domésticos, da educação das crianças e do zelo ao marido, sem remuneração, e o homem ser provedor da casa.

Ou seja, vivemos em uma sociedade capitalista, em que o capital é poder, e aceitamos que nosso esforço deve estar concentrado e dedicado em tarefas pouco ou nada valorizadas monetariamente, levando-nos à necessidade de que um homem poderoso e provedor faça a função de suporte financeiro, mais uma vez deixando-nos dependentes para sobreviver.

Voltando ao conto, um grande baile surge como uma chance de salvação. A rivalidade feminina é posta de forma explícita quando o príncipe, numa versão vitoriana do rei do camarote, chama todas as donzelas do reino para escolher quem terá a honra de receber a atenção dele e, quem sabe, se for boa o suficiente, receber o grande prêmio, ele, ou melhor, o título de assumida.

A autora Colette Dowling, em sua obra *O complexo de Cinderela*, diz que a maioria das mulheres foi educada de modo a não enfrentar os próprios medos, a recuar diante dos desafios, e, como Cinderelas, a ficar sempre à espera de alguém mais forte para sustentá-las e protegê-las.

Ao depararmo-nos com o complexo de Cinderela, vemos o quanto temos medo da nossa independência. E Colette ainda aponta um fato curioso, que talvez seja uma realidade na sua vida também. Ela mostra que quando se chega a certa idade, é muito comum que jovens que outrora foram fortes, corajosas, decididas e grandes vencedoras na infância e adolescência, tornam-se mulheres dependentes e amedrontadas, engajadas em estarem apaixonadas ou desejando entrar numa relação, e isso geralmente acontece na idade que julgam estar na hora de casar.

E assim, inconscientemente, as mulheres buscam uma situação na qual possam abandonar sua autossuficiência e retornarem ao estado aconchegante da infância, que é tão sedutor às mulheres: a proteção de um outro, maior, forte e poderoso. Isso as leva a construírem suas vidas na esperança de que, conquistando o amor de um homem, elas receberão o poder que lhes foi tirado.

Refletindo sob a perspectiva psicanalítica, observamos que a menina, ao identificar no mundo real algo no homem que ela acredita representa o objeto que lhe falta, ilusoriamente compreendido como o pênis, o suposto falo, começa a nutrir a esperança de que, ao conquistar o amor masculino, poderá reaver o poder que lhe foi negado. Vale ressaltar que a psicanálise não busca prescrever comportamentos, mas sim descrevê-los. Dessa forma, em uma sociedade patriarcal, a diferença anatômica torna-se uma justificativa para os papéis desiguais atribuídos a homens e mulheres. A família, nesse contexto, atua como uma importante instituição de perpetuação de opressão. Afinal, são os pais que transmitirão e exigirão a conformidade de gênero de seus filhos. Assim, a mãe é frequentemente incumbida de preparar suas filhas para este mundo. Em tal cenário, ser um sujeito pleno de direitos e desejos não é considerado adequado para mocinhas.

Assim, acabamos nos tornando adultas que vivem apenas para submeterem-se ao desejo do Outro, porque a árdua conquista da feminilidade cobra um preço alto, consome nossas possibilidades e nossas potências, e quando nos damos conta, já nos fizemos toda objeto para o desejo de um homem, e fica cada vez mais insuportável dar-nos conta de que edificamos nosso ser na dependência do amor romântico.

Por isso, Colette Dowling diz que a falta de autoconfiança parece nos perseguir desde a infância, e muitas vezes, independentemente do vigor e da energia que investimos em nossa tentativa de viver como adultas livres e potentes, a menininha dentro de nós nos assombra com sussurros assustados. Por isso a maioria das mulheres desperdiça a sua potência em se fazer aprovada, ao invés de construir por conta própria a sua vida, o seu sucesso e a sua felicidade. É como preferir estar atrás de alguém.

Como não aprendemos a desenvolver autonomia, somos subjetivadas para o privado, para o lar, para estarmos sempre na sombra de alguém, cuidando, dando suporte para que os homens brilhem. Muitas se mantêm em relações ou em busca delas até que se dão conta de que estão num limbo atemporal de servidão ao outro, sendo apenas uma criatura sem autonomia.

O despertar para essa realidade é só a ponta desse movimento todo, afinal, temos que enfrentar a insegurança, o medo de errar e fracassar, o medo de ficarmos sozinha, a baixa autoestima, a dependência emocional e todo o ciclo em que essa submissão colocou-nos. E é aí que entra o poder libertador de amarmos a nós mesmas. Esse é um poder que nos livra da escravidão da dependência, coloca-nos como protagonistas. O que é um baita desafio.

11.2 ARIEL: A QUE SE CALA POR AMOR

Ariel é apresentada ao telespectador como uma sereia curiosa e cheia de vida. Ela é destemida, teimosa, desafia a autoridade do pai, desbrava o oceano, busca aprender sobre as coisas, ter suas próprias percepções. Ela é alegre e cheia de amigos. Até que um dia vê um homem e apaixona-se por ele. Vejam, Ariel não sabia o nome, não sabia quem era, não tinha base alguma de realidade sobre ele, mas decide tomar a forma de humana. Para isso, busca a bruxa Úrsula, que lhe pede em troca das pernas – atributo que ajudaria a conquistar o seu amado –, a voz.

Ariel: Mas sem minha voz... Como posso?

Úrsula: Terá sua aparência, seu belo rosto... Não subestime a importância da linguagem do corpo [diz a vilã enquanto move o quadril, rebolando].

Além disso, os serezinhos que acompanham Ariel cantam para ela: "O homem abomina tagarela / Garota caladinha ele adora / Se a mulher ficar falando / O dia inteiro e fofocando / O homem se zanga, / diz adeus e vai embora. / Não! Não vá querer jogar conversa fora / Que os homens fazem tudo pra evitar / Sabe quem é mais querida? / É a garota retraída / E só as bem quietinhas vão casar".

O primeiro ponto que se destaca nesse desenho diz:

> [...] é algo bem recorrente em quase todos os produtos culturais direcionados às mulheres: a ideia de que a coisa mais importante que pode lhes acontecer na vida é encontrar um homem e que ele é/deve ser o centro motivador organizador de sua vida. Ou seja, naturaliza-se a ideia de que o sonho de toda mulher é se casar. Trata-se, [...] da tecnologia de gênero, além de interpelar performances, constitui-se em uma pedagogia dos afetos, uma colonização afetiva.[113]

Ou seja, a educação direcionada às meninas as faz acreditar que não apenas o amor dos homens é o principal objetivo de vida, mas também quais sacrifícios devem ser feitos para conquistá-lo:

---

[113] ZANELLO, 2018.

> [...] de todos, o que mais se destaca é a afirmação do silêncio, como algo desejável para mulheres. [...] a mensagem claramente passada: a de que o silêncio é o preço a se pagar para manter uma relação heterossexual. Não é incomum que mulheres que se expressem sejam tachadas de chatas, reclamonas, ou termos pejorativos equivalentes. Se você quer manter seu "homem", silencie-se! (muitas vezes, mesmo que ele faça coisas que você considere abominável). E aprenda a mexer os quadris. [...] o quanto essa pedagogia dos afetos é importante para a interpelação de performances relacionadas ao dispositivo amoroso (e à objetificação sexual) – um dos principais fatores de desempoderamento, a meu ver, das mulheres, em nossa cultura.[114]

11.3 BELA: A QUE TRANSFORMA O MONSTRO EM PRÍNCIPE COM SEU AMOR

Bela é uma mulher cheia de sonhos, de objetivos, que adora uma leitura, questiona, não se dobra aos ideais de feminilidade de sua comunidade, até que o amor entra em sua vida. Como já vimos, a forma como mulheres aprendam a amar deixam-nas vulneráveis, e não seria diferente com a Bela.

Ela se apaixona por um monstro. UM MONSTRO. Há quem diga que "A Bela e Fera" é sobre apaixonar-se pelo que a pessoa tem por dentro, não ligar para aparências, mas a Fera não era um homem feio, era um homem cruel, ignorante que a tratava mal, e outro ponto é, você já encontrou em algum filme, desenho ou música "a história de um príncipe que se casou com uma monstra e persistiu amando-a até que se tornasse uma princesa?"[115].

E isso é repetido em diversos outros enredos, ganhando mais força na adolescência com as comédias românticas, em que os populares do colégio, que se olharmos atentamente são caras babacas e machistas, fazem apostas que zombam, que escondem

---

[114] ZANELO, 2022, p. 47.
[115] ZANELLO, 2018.

a mocinha e no final ao se verem apaixonados, são transformados pelo amor. Pense em *High school musical*,[116] *Um amor para recordar*,[117] *Diário de uma paixão*,[118] e tantos outros. Prestem atenção nos homens. Eram todos casos perdidos até que a mocinha, com amor, paciência e empenho, transforma-o em um cara incrível, em um amor para recordar. Isso é até exposto na fala do pai de Jane, que diz que Landon era o milagre dela.[119]

Se nos atentarmos ao enredo de "A Bela e a Fera", a Fera trata a Bela mal, humilhando-a, prendendo-a. Onde há beleza aí? Nos maus-tratos? E quando Bela finalmente consegue sair do castelo da Fera, ele adoece após ser machucado por lobos. Isso é tão clássico em uma relação abusiva: quando a mulher começa a soltar-se, o homem diz estar depressivo, que precisa de Deus, de terapia, que ele tem vícios e que sem o apoio da parceira, a pessoa que ele mais ama e confia, ele não conseguirá livrar-se deles.

Ele apela para a esperança que foi implantada desde a infância e fortalecida ao longo da vida: um dia ele vai virar um príncipe. Ele só precisa de amor e carinho, e com paciência ele tornar-se-á o homem que ele pode ser – é comum mulheres se relacionarem com o potencial que se imagina que eles podem ter. Inclusive, muitas mulheres pensam, consciente ou incons-

---

[116] *High School Musical* é um filme norte-americano do gênero musical de 2006.

[117] *A Walk to Remember* é um norte-americano de drama e romance, lançado em 2002, baseado no livro homônimo (1999) de Nicholas Sparks.

[118] *The Notebook* (*Diário de uma Paixão*) é um *filme* norte-americano de drama romântico de 2004.

[119] Landon é o personagem interpretado por Shane West em *A Walk to Remember*. Landon segundo o enredo do filme disponível na *Wikipedia* é um jovem sem metas e irresponsável, que foi punido pelo diretor da escola tendo que participar da produção de uma peça que está sendo montada; durante os ensaios, Landon aproxima-se de Jamie Sullivan, filha do pastor, uma garota "certinha" que o ajuda a ensaiar para a peça com apenas uma condição: que ele não pode apaixonar-se por ela. Porém, eles se apaixonam, mas Jamie guarda um segredo: ela tem leucemia há dois anos. Eles vivem felizes o verão inteiro, até o dia do falecimento de Jamie. Landon, já sem a sua amada, vai para outra cidade fazer faculdade, e depois de alguns anos, volta a sua antiga cidade para entregar ao pai de Jamie o diário da falecida esposa do pastor, que estava com ele após a morte de Jamie. A principal mensagem do filme é a de que, mesmo Jamie tendo partido tão precocemente deste mundo, ela presenciou um pequeno milagre: a transformação de Landon, que era um adolescente irresponsável, sem rumo e mal-educado, em um rapaz brilhante e querido.

cientemente: eu já aguentei tanto. Agora que ele está disposto a melhorar eu vou deixá-lo para outra?

E, assim, permanecem nas relações abusivas, na eterna espera de que monstro transforme-se, até porque as mulheres aprendem que depende delas o tipo de homem que elas têm ao seu lado, que é responsabilidade delas manter as relações, e que caso esse homem seja um monstro, ela que não foi boa o suficiente para ser escolhida por um homem bom, ou não foi boa o bastante para transformá-lo.

> [...] a preservação do lar fazia parte do conjunto de deveres da mulher. Para isso, era preciso manter-se bela, saudável e praticar a arte de agradar, de encantar, mantendo-se sempre próximas ao ideal de amizade amorosa."[120]

Para as mulheres, "o amor ou essa forma de amar nelas interpeladas é uma questão identitária. Pois isso, na maioria das vezes, romper uma relação, ainda que seja violenta, é colocar-se em xeque como mulher que fracassou".[121]

Percebam que o amor próprio é muito difícil, principalmente para as mulheres, porque para nos amarmos precisamos bancar o quê e como somos, mas desde pequenas aprendemos que temos que nos submeter a essa e àquela exigência da sociedade, que não está bom como somos, que autonomia afasta, que independência é demais, que devemos agir de determinado modo. Somos condicionadas a não gostar da nossa complexidade, até a questionar nossa noção do que é bom ou ruim, qualidade ou defeito. O que te faz diferente? O que te faz única? Será que você se enxerga?

Segundo Naomi Wolf, em *O mito da beleza*, nós, mulheres, olhamos para nós de relance, por cima, na imagem refletida nos olhos dos homens. Não somos autorizadas nem a nos enxergarmos como mulheres a partir de nós mesmas, são os homens que olham para as mulheres e definem o que ela deveria ser. Ficamos apenas

---

[120] DEL PRIORE, 2011 *apud* ZANELLO, 2018.
[121] ZANELLO, 2022.

no lugar de nos observarmos sendo olhadas. Isso determina não só a relação de homens e mulheres, mas, principalmente, das mulheres consigo mesmas.

Muito disso se dá pelo mito da beleza, nome dado pela autora Naomi Wolf. Nesse mito, a mulher é educada a partir de uma ideia de beleza que tem como função não simplesmente definir o que é belo ou não, como as pessoas erroneamente imaginam, mas, sobretudo, ter controle sobre os corpos, o dinheiro, o comportamento e o olhar da mulher sobre si mesma.

Você já percebeu que quando as mulheres falam sobre autoestima, elas automaticamente falam da aparência em primeiro plano? Wolf propõe em seu livro como os conceitos de beleza são uma potente arma política contra a evolução da mulher, visto que eles são a base do ódio a nós mesmas, de obsessões com o físico, pânico de envelhecer e pavor da gordura.

O mito assumiu o papel da domesticidade. Não é preciso que ninguém nos critique, pois nosso olho interno já é crítico o suficiente. Por mais que tenhamos galgado posições sociais, para muitas mulheres elas perdem a importância se não tiverem um homem ao lado, porque nos ensinaram a estar na prateleira do amor, na qual competimos umas com as outras pela aprovação de qualquer homem.

O que a cultura ensina às meninas é que o corpo é um capital de prestígio social e matrimonial. As mulheres subjetivam-se em uma relação consigo mesmas mediadas pelo olhar de um homem que as escolhe. Os homens, por sua vez, já nascem com a certeza de que serão amados independentemente de qualquer característica física, mental e socioeconômica que tenham[122]. Isso faz com que mulheres aceitem qualquer coisa em uma relação. Não é o amor dedicado a esse ou àquele homem, mas a necessidade de serem escolhidas e validadas como mulher.

---

[122] *Idem.*

Por fim, gostaria muito que você começasse a perceber como a baixa autoestima feminina é um projeto patriarcal. Abram seus olhos, estejam atenta à leitura.

Para começar, questione o que seria beleza e veja que o mito da beleza não tem nada a ver com as mulheres, ele gira em torno do poder institucional dos homens. Afinal, o mito fala do seu comportamento, não da sua aparência. E para que isso opere de acordo com os interesses masculinos, desde pequenas, a identidade das meninas deve ter como base a "beleza", de tal forma que permaneçamos vulneráveis à aprovação externa.

É só observar: as meninas recebem elogios sobre sua aparência, enquanto os meninos são valorizados por sua força e sua coragem. Os meninos não aprendem a questionar sua competência pela forma física, mas nós, mulheres, constantemente somos bombardeadas por ditaduras de como devemos nos vestir, maquiar-nos, portar-nos, para sermos respeitadas.

Certa vez, trabalhava na faculdade secretariando um funcionário público. Eu saía de casa às 7h30 e retornava às 23h30, após a faculdade, e me vi diante de uma decisão a ser tomada: poderia dormir 20 minutos a mais ou acordar para me maquiar e estar impecável, como desejava o senhorio, que num dado momento chamou a minha atenção pela aparência desleixada – segundo ele, o desleixo era falta de esmaltes nas unhas, que, inclusive, estavam sempre bem feitas, e a ausência de maquiagem no rosto.

O cômico dessa cena é que o dito cujo vestia um terno dois números maior, tinha remela nos olhos e a camisa manchada de café. Mas essa cena não é, ela é trágica, porque ela expõe a realidade da nossa sociedade que, como diria Simone de Beavouir, "faz com que o mais medíocre dos homens sinta-se um semideus diante de uma mulher". O homem mal sabia cuidar da higiene básica, mas sentava facilmente na cadeira do juiz da competência feminina, afirmando que a minha falta de maquiagem no rosto não era agradável e passava imagem de desleixo e pouco profissionalismo.

> Numa sociedade patriarcal em que a mulher foi sempre rotulada em categorias, firmar a própria autoestima sem aprovação externa é um desafio que beira à impossibilidade.

Naquela época eu não consegui entender muito bem, apenas me incomodou, pois eu não tinha o conhecimento que tenho hoje para compreender melhor meu incômodo. Mas posso afirmar que mesmo não dando conta de nomear isso naquela época, não me isentou de viver os efeitos psíquicos dessa violência masculina.

A aparência feminina profissional aceitável até hoje inclui: cabelos impecáveis, de preferência lisos, maquiagem, unhas feitas, pelos depilados, e que sejamos jovens e magras, sem rugas, olheiras ou manchas; tudo deve ser escondido, o que, claro, demanda muito mais tempo, energia e dinheiro do que os homens precisam para estarem "profissionalmente apresentáveis".

Segundo a pesquisa "A contratação, a demissão e a carreira dos executivos brasileiros", 65% dos diretores e presidentes de empresas apresentaram restrição na contratação de mulheres gordas. Jennifer Shinal, ao investigar a presença de mulheres gordas em cargos de liderança, descobriu que o número era de 5%, enquanto metade dos homens em cargos de CEO estavam acima do peso.

Também é comum vermos mulheres negras abrirem mão de características como a forma de seus cabelos para terem espaço profissional. Enquanto a experiência é um dos principais fatores para homens ascenderem profissionalmente, para as mulheres é exigido que ela seja uma bonequinha para trazer beleza ao lugar. "A dominação masculina do corpo feminino é uma realidade material básica da vida das mulheres". [123]

Numa sociedade patriarcal em que a mulher foi sempre rotulada em categorias, firmar a própria autoestima sem aprovação externa é um desafio que beira à impossibilidade. A reprodução dos padrões de beleza serve como tentativa de se fazer suficientemente boa nessa sociedade. Mesmo que tenhamos conquistado algum direito ao trabalho e à remuneração, nosso trabalho ainda é desvalorizado e somos obrigadas a nos vigiar para tentar evitar o ganho de peso e disfarçar o envelhecimento.

---

[123] DWORKIN, Andrea. *Pornography*: men possessing women. New York: Plume, 1979.

E talvez você também não tenha uma autoestima alta, mas escute sua intuição, seu incômodo fala dentro de você. Eu sei que aprendemos a silenciar essa voz interna, aprendemos a não acreditar nos nossos próprios sentimentos e nossas próprias emoções, afinal, o empoderamento ameaça as instituições governadas pelos homens. E como disse anteriormente, eles nos controlam a partir do medo; A base da autoestima baixa é a insegurança, a falta de confiança na própria capacidade frente a vida. E honrar a nós mesmas, amar nossos corpos, é uma fase avançada na construção de uma autoestima saudável.[124]

A autoestima não é declarar amor à autoimagem refletida no espelho. É muito mais sobre confiar em si mesma e apostar na própria capacidade frente à vida do que se sentir boa ou bonita. Porque se amar é enxergar o próprio valor da vida, não se achar boa o suficiente. A gente se odeia e reduz a autoestima à forma corporal quando temos como objetivo existencial sermos apreciadas e amadas pelo outro como objeto de desejo. Para nós, mulheres, que tivemos nossa autoestima, e toda complexidade que envolve ela, reduzida à aparência, isso se torna ainda mais intenso.

E nada de pensar que você é inocente nessa história. Este livro tem a proposta de te engajar na sua própria história e isso só é possível se você assumir sua responsabilidade caso você esteja vivendo um caos em sua vida. Se você é o tipo de pessoa que faz de tudo para te aprovarem, inclusive passar por cima de si mesma, você precisa assumir que se tornou uma grande mercenária afetiva, alguém que faz de tudo por atenção. Mas é importante que você não tome isso como acusação, porque a verdade é que passamos por uma socialização que nos levou a não sabermos nosso valor como pessoas próprias e é claro que isso afeta diretamente na nossa saúde mental: perdemos nossa autoconfiança, não cuidamos de nós mesmas e desenvolvemos o medo de sermos assertivas.

---

[124] HOOKS, bell. Tudo sobre o amor: novas perspectivas. São Paulo: Elefante, 2020.

A pessoa assertiva é aquela que não se valida a partir da aprovação dos outros, ela não coloca toda a sua energia na tentativa de agradar – ela aprendeu a ser livre. Como disse Luís Fernando Veríssimo: "A única pessoa livre, realmente livre, é a que não tem medo do ridículo"[125].

A mulher que não se anula, que não se esprema, que não se esforça só para o outro validá-la, só pôde fazer isso quando ela soube ou se interessou em saber quem é. Quando ela não precisa performar uma feminilidade desenhada, ela não precisa enganar o outro com uma imagem ideal de si nem se esforçar para tentar parecer perfeita. Ela enxerga a si mesma na incompletude, ela acolhe suas falhas, ela se ama, ao contrário da pessoa desesperada pela completude, que é dominada pelo próprio narcisismo e torna-se escrava de si e dos outros, serva da ilusão de poder. Quando é assim, ela torna-se carente e impotente. Por isso não existe liberdade, amor próprio, muito menos felicidade na vida da boazinha.

A maturidade está justamente em conseguirmos bancar essa fissura, essa ambiguidade e incoerência, pois tentar anular e esconder nossa condição de sujeito do desejo leva-nos a afundar em neuroses, em adoecimentos e autossabotagens. Bancar a própria incoerência é bancar que somos sujeitos divididos, que queremos muito algo, mas também não queremos abrir mão ou fazer o que precisa ser feito.

Não é a obediência que nos faz sujeito, até porque o desejo é subversivo. Ser protagonista, ser sujeito de desejos, não é algo que se conquista dentro de uma redoma de normas e regras do que deve ser uma mulher ou um homem. Seguir o padrão de boazinha, de princesa, de mulher feminina, trata-se, justamente, de tentar defender-se do próprio desejo, é fugir de si, da condição dividida, desejante, faltosa, singular... única.

---

[125] MOUZAR, Benedito cita essa frase de Luis Fernando Veríssimo no artigo *Cultura inútil: Liberdade! Liberdade?* para o blog da Boitempo. Publicado em 09/05/2019. Disponível em: https://blogdaboitempo.com.br/2019/05/09/cultura-inutil-liberdade-liberdade/.

Falei no início do livro sobre a importância de um ambiente que proporcione que nossa singularidade seja validada, respeitada e incentivada. Insistir em reproduzir contos de fadas é repetir o mesmo ambiente intrusivo, colonizador e cruel que te invade, que não vê beleza na singularidade e te impede de ser quem você é.

Não há como se tornar sujeito de desejos em uma carência por respostas prontas. Isso é colocar-se, mais uma vez, na posição de adaptar-se ao meio externo como tentativa de sobrevivência. É isso que você espera da sua existência? Uma sobrevivência regada a medo da desaprovação, de não poder viver porque a vida só começa com um príncipe? Medo, medo, medo.

Ao negar sua singularidade, o que te difere de um objeto, uma boneca, um pedaço de coisa, você se coloca impotente. Acolher a própria singularidade é assumir a própria incoerência, e para isso é preciso abrir mão da imagem ideal que queríamos tanto ser. É só deixando cair o ideal que podemos fazer da nossa autenticidade potência criativa para a vida. Afinal, custa muita energia manter essas incoerências debaixo do tapete. Se somos seres faltantes e divididos – e não há conserto para isso –, só nos resta fazer concerto e dançar com a vida.

> A autoestima não é declarar amor à autoimagem refletida no espelho. É muito mais sobre confiar em si mesma e apostar na própria capacidade frente à vida do que se sentir boa ou bonita.

DINHEIRO, PODER E AGRESSIVIDADE: ISSO É COISA DE HOMEM?

> "O terror emana do macho, ilumina sua natureza essencial e seu proprósito primordial. Ele escolhe quando deseja aterrorizar, se o terror será cavalheiresco ou obsessivo, se será exercido com brutalidade ou sutilezas."
>
> (Andrea Dworkin)

A lógica de que os homens são provedores e protetores como algo natural é sinal de que a violência atingiu seu auge: ela tornou-se simbólica; a mulher tomou sua própria opressão como identidade e aceitou que é vontade divina e natural o homem ocupar o lugar de opressor. A mulher não questiona do que precisa ser protegida, até porque se questionar sobre isso é ter que assumir muita coisa, inclusive a responsabilidade de ser adulta.

"A masculinidade precede o homem como a feminilidade precede a mulher, e o desejo sexual masculino define ambos"[126]. Ou seja, o que é ser homem ou mulher na sociedade não é algo natural e biológico, mas construído a partir de modelos culturais que informam valores centrais, propósitos, preocupações fundamentais de cada pessoa de acordo com seu sexo biológico, e isso constitui o pano de fundo com o qual as avaliações (da pessoa pelos outros e dela para si mesma) serão formadas, quais emoções serão permitidas e legitimadas como sendo de mulheres e de homens.

Como a nossa sociedade é patriarcal, essa definição dá-se a partir do desejo masculino, e apesar de causar adoecimento

---

[126] MAC-KINNON, Catherine. *Toward a Feminist Theory of the State*. Catherine A. Mac-Kinnon. Cambridge: Harvard University Press, **1989**. 320p. 1989.

nos homens por eles precisarem provar que são viris, fortes e poderosos o tempo todo, eles são beneficiados. Toda essa divisão heterossexual naturalizou a ideia de que a "essência" feminina é ser amável, bela, doce, calada, meiga, submissa, devotada, heterossexual e cuidadosa. E isso, como já vimos anteriormente, terceiriza e condiciona a autoestima feminina ao desejo de um homem.

No período de escrita deste livro, a *digital influencer* Juju Salimeni fez uma declaração em seu Instagram de que achava que a figura masculina traz a proteção, o acolhimento e a segurança que toda mulher precisa, mesmo as mais poderosas e independentes. Mas o que pouco se percebe por trás desse pensamento é o medo de ser uma afronta aos homens e receber retaliação.

Declarar que os homens são fortes, poderosos, provedores, e que dependemos deles mesmo quando pagamos nossas contas, é declarar: "Sou forte, mas não demais". Esse é o jeito de a mulher dizer: "Homem, meu poder é só até aqui, não me veja como concorrente ao trono, por favor! Não quero mais violência". Ou, ainda: "Não quero ser mal vista porque ainda sou uma grande carente da aprovação do seu olhar, e sem ele perco o senso do meu próprio eu".

Vemos que muitas mulheres tornaram-se independentes financeiramente, mas ainda carecem de autonomia, são carentes porque não se sentem equipadas para serem autônomas e firmar a própria autoestima, mantendo-se condicionadas a acreditarem que determinados comportamentos, os "femininos", trazem a validação e o amor dos homens.

Assim, elas preferem fazerem a si próprias de pequenas e frágeis do que agir genuinamente; agem interessadas na recompensa do olhar e da aprovação masculina; fogem da responsabilidade de assumirem uma posição de poder e usam a feminilidade como máscara para evitar retaliação. Quando não se constrói uma base de autoestima feminina própria, o que resta é firmar-se no mito do amor romântico, temendo que a vida longe de homens seja uma ameaça a sua sobrevivência.

Como disse anteriormente, como psicóloga e pesquisadora da saúde mental das mulheres há anos, observo como é comum as mulheres não se sentirem reais – na ideia winnicottiana de ser real –, para além de simplesmente existirem, mas existirem do seu modo. A maioria de nós, mulheres, ainda quer acreditar que somos intrinsecamente femininas, por virtude ou por biologia (esquecendo de todas as vezes em que nossas mães nos lembraram de que tínhamos que nos comportar como mocinhas)[127]. É

> [...] preciso admitir que há variáveis externas controlando nosso comportamento – e, consequentemente, admitir sentir medo. A opinião pública (que reflete a perspectiva masculina) reforça essas crenças femininas, pois diz-se publicamente que tanto as mulheres em geral quanto as vítimas de violência doméstica gostam de se relacionar com os homens dessa maneira, se submetendo a eles e cuidando deles, chegando a negligenciar as próprias necessidades.[128]

Esse papo de "seja forte, mas não demais!" é armadilha patriarcal para manter mulheres subjugadas. Elas temem serem "masculinas" e, então, indesejáveis. Mas você já se perguntou o que seria ser masculina? Ter poder de escolha, não deixar o próprio destino na mão dos outros, não ficar passiva aguardando a iniciativa do outro para realizar a própria vontade, priorizar o próprio trabalho, sonhos, planos e objetivos? Posicionar-se, ter voz e escolha? O que é ser masculina e porque isso é tão indesejável pra uma mulher?

A reprodução de padrões sexistas invalida nossa potência e coloca-nos como medíocres na própria existência. Mulheres aprenderam a abrir mão do seu gesto criativo, da sua autenticidade e da sua agressividade em busca de completude e de segurança ilusória. Ilusória porque o que realmente podemos ter como segurança é a confiança na nossa própria capacidade de criar.

---

[127] GRAHAM; RAWLINGS; RIGSBY, 2021.
[128] *Idem.*

Tudo nesta vida pode ser perdido, porque só há uma forma de conquista: a confiança na própria habilidade criativa. Por exemplo, quem conquista muito dinheiro, pode perder, mas quem conquista a habilidade de ser criativo para ganhar dinheiro pode até perder tudo, mas saberá fazer algo. Confiará na própria habilidade e, inclusive, não terá a perda como atestado de fracasso.

As pessoas criativas tendem a ser menos narcisistas, ou seja, tendem a preocupar-se menos em manter a imagem ideal e topam mais se sujarem de si mesmas. Elas abraçam as próprias incoerências, entendem que toda conquista, até a de autoestima, às vezes assemelha-se à construção de um castelo de areia que pode desmoronar diversas vezes ao longo da vida. Porque ter autoestima alta não é nunca se afetar ou ser asséptico ao outro e as diversidades da vida.

Precisamos aprender a focar em construir e desenvolver habilidades ao invés de ficarmos desesperadas em tentar manter o outro ao nosso lado como garantia da nossa imagem ideal. Nascemos não apenas com a capacidade de sermos criativos, mas com a necessidade. A nossa expressão criativa é o nosso recurso mais potente.

Certa vez, Mosé[129] disse que as quedas nos impulsionam adiante. Porém isso não é expor-se além do que suportamos, é preciso respeitar os próprios limites. E o que as mulheres que reproduzem a feminilidade patriarcal fazem? Anulam toda sua capacidade criativa, encenam o objeto do desejo do Outro e passam a usar todo seu poder para se conterem, para tentarem anular a si mesmas, inclusive extrapolando seus limites. "Precisamos reconhecer que a opressão e a exploração distorcem e impedem nossa capacidade de amar." [130]

Por isso a importância de tornar-se consciente do medo, da necessidade de aprovação. Não adianta fingir que você vive

---

[129] Em uma apresentação em *Jornadas Institucionais: Saúde mental em foco*.
[130] HOOKS, bell. *Vivendo de Amor*. Portal Geledés, São Paulo, 9 mar. 2010. Disponível em: https://www.geledes.org.br/vivendo-de-amor . Acesso em: 20 out. 2022.

assim por escolha. É apenas tomando consciência e assumindo nossa covardia frente a vida que podemos escolher nossas lutas e decidir onde investir nossa energia emocional.

Mas esse tipo de mulher é uma afronta ao patriarcado, ela será mal vista. E muitas mulheres, na verdade, não querem ser bem-sucedidas, porque se forem, o mundo saberá que elas não necessitam de cuidados, que elas podem cuidar de si. Isso, claro, não é um processo fácil, visto que estamos sob ameaça institucionalizada. Mulheres desacompanhadas de um homem não têm proteção e respeito social.

Melanie Klein diz que os perigos externos são vivenciados à luz dos perigos internos e são, portanto, intensificados. Claro que há perigos reais, mas minha experiência clínica leva-me a crer que a ausência de senso de si nas mulheres intensifica muito mais esses medos, pois o grande e maior medo de uma mulher não me parece ser propriamente da violência física, mas da desaprovação social e da perda da recompensa narcísica de ser vista como boazinha, "porque muitas mulheres suportam melhor o desamor do que o não ter alguém".[131]

E para manterem esse lugar, como aponta a psicanalista Thaís Basile, grande parte da chateação, frustração e das queixas que porventura tenham, deve ser invisibilizada e o mal-estar deve ser escondido. Não é à toa que grande parte do adoecimento psíquico de mulheres seja depressão e ansiedade: aquilo que se cala, não deixa de existir e pode levar a uma implosão emocional[132]. E, assim, manter a dinâmica de que poder, dinheiro e agressividade são coisas de homem é poupar energia de enfrentar conflitos com a própria identidade.

Veja, o processo de construir autonomia não é doce nem romântico. É duro. Sobretudo porque o primeiro baque é justamente perceber o ódio que nutrimos contra nós mesmas, e logo após, dar-nos conta de que fomos ensinadas a isso, que toda a

---

[131] ZANELLO, 2022.
[132] Thaís Basile via instagram @thaisbasile.psi

nossa educação e o nosso desenvolvimento enquanto mulheres foi cristalizando isso dentro de nós.

No entanto não adianta culpar a sociedade, a família, a religião ou o homem abusivo com quem você se relacionou/a. É claro que todos esses fatores contribuíram, intensificaram e fortaleceram a situação em que você se encontra hoje, mas se você não procurar saber porque continua vivendo dessa maneira, que lhe rouba totalmente a sua criatividade e a sua potencialidade, assumindo que, no final das contas, as causas dessas repetições jazem num gozo em si mesma, você caíra em puro ressentimento paralisante.

Segundo Maria Rita Kehl,[133] a pessoa ressentida é aquela que se coloca de forma amargurada diante da vida, recusando-se a admitir a própria responsabilidade nas escolhas que a prejudicaram ao longo da vida, e insistem em colocar-se numa posição de vítima do destino, uma posição que acaba desenvolvendo um mecanismo de defesa. Esse mecanismo coloca os homens na posição de mestre e são eles que acabam definindo o que é ser mulher, o que ela deve fazer com sua vida.

Assim, por mais sofrido que seja, essas mulheres fogem do próprio desejo fazem-se toda objeto para o outro, na esperança de que a angústia da existência seja respondida, fogem do trabalho de sujar-se de si mesma, de errar, de viver, de ser singular. A cumplicidade da mulher em sua própria opressão é fazer-se objeto de satisfação do Outro ou, como aponta a psicanálise Lacaniana: Tomar a demanda do Outro como próprio objeto fantasiado para não se haver com o próprio desejo.

Todos os dias, mulheres fazem-se toda objeto para um Outro, ausentando-se de seus próprios desejos, mas permanecendo sempre insatisfeitas, pois seu desejo revela o próprio Eu, vivíssimo. E dá trabalho ser autêntica. Bancar a própria existência tem um preço. Fazer isso é dar lugar à singularidade, sustentar a falta de

---

[133] KEHL, Maria Rita. *Ressentimento*. 3. ed. São Paulo: Boitempo, 2020.

certezas. Não existe manual, ninguém viveu a sua vida para te contar como deve ser e quais resultados devem ser alcançados.

Amar-se é tomar o Outro como caminho e não como resposta, pois se tomamos como resposta, só nos resta a posição de ressentidas, ou cobrando do Outro nossa felicidade e que ele nos ame, ou como nossas próprias carrascas, acreditando que só seremos amadas se encenarmos o personagem "ideal", atacando tudo em nós que não cumpre esse papel, rechaçando todas as nossas incoerências, os nossos desejos e as nossas ambivalências.

O desejo escancara que somos seres muito mais complexos e cheios de ambivalências do que o nosso narcisismo supõe. E em tempos de narcisismo exacerbado como o nosso, ficamos cada vez mais presos à dinâmica do 8 ou 80, do feminino x masculino, do certo x errado. Passamos a lutar contra o fato de que somos ambíguas, que há força, potência e agressividade na mulher, que não existe mulher masculina, que é apenas uma mulher sendo ela mesma.

Nessa reprodução de padrões vamos tomando as nossas ambiguidades como erro, a nossa autenticidade como patologia ou "polo errado" (baseadas na ideia falaciosa de energias feminina e masculina), e acabamos por tentar destruir tudo ou quase tudo que nos faz ser quem somos. E quando as coisas acontecem diferente porque a realidade não dá conta da idealização, tornamo-nos cheias de mágoas e ressentimentos, que muitas vezes são recalcados e voltam em forma de adoecimento justamente para não lidarmos com as desilusões. E o acúmulo pode culminar no desejo de aniquilar o outro ou a si mesma.

A reprodução de padrões sexistas invalida nossa potência e coloca-nos como medíocres na própria existência. Mulheres aprenderam a abrir mão do seu gesto criativo, da sua autenticidade e da sua agressividade em busca de completude e de segurança ilusória.

Ilusória porque o que realmente podemos ter como segurança é a confiança na nossa própria capacidade de criar.

O PROTAGONISMO FEMININO É REVOLUCIONÁRIO

As conversas entre mulheres nos politizam, quebrando o nosso isolamento ideológico à medida que desenvolvemos uma perspectiva feminina baseada na análise das condições das mulheres e fundamentada em nossa própria experiência.

(Dee Graham)

Para sair da posição de boazinha é necessário construir um saber sobre si mesma. Mas não ache que é um saber que te dará a resposta completa da existência, pois como viver é mistério. Ser sujeito e não objeto é encarar a própria incoerência, a própria ambivalência; é sustentar a falta de não saber bem quem é você e o que desejam de você. Ainda, é fazer disso causa de desejo, movimento, e, assim, amor – amor por si mesma, pelos outros, pela vida, pelas coisas, pelos sonhos.

Freud já nos disse que quando se trata de felicidade não cabem conselhos, que cada um deve construir a sua própria maneira de ser feliz. Por isso, bancar seu desejo é bancar a si mesma, sua singularidade, inventar suas formas de ser feliz. É abrir mão do ideal de felicidade civilizatório, que não passa de um ideal inatingível. A civilização, por mais necessária que seja, ela quer adestrar o sujeito, colocar o desejo dele dentro dos limites coletivos. Desejar é conflito, é morte – morte do ideal, do que se pensava ser, das garantias, das adorações, das aprovações e da possibilidade de culpar o Outro pela sua realidade.

Lembra-se dos primeiros capítulos, nos quais falei sobre a educação feminina? Percebam agora como a educação patriarcal forma mulheres escravas do ideal de feminilidade, o que nos leva a viver uma vida obstinada a manter o ideal e atacar o anti-ideal, mesmo que para isso tenhamos que abrir mão da nossa liberdade, da nossa vida, da nossa felicidade e dos nossos desejos.

Se preciso, a boazinha coloca-se num inferno, tudo para que se sinta vista e reconhecida por alguém como queria. Isso porque essas mulheres desejam desesperadamente o amor e o reconhecimento do outro. Elas são escravas da ilusão de que seriam felizes se os outros as enxergassem boas o suficiente.

Mulheres não aprendem a amar; aprendem que serão amadas se fizerem por merecer. No patriarcado, o amor para as mulheres é posto como meritocracia desde a infância. Todos os dias, ouço mulheres dizendo que seus irmãos homens podiam fazer o que quisessem, enquanto elas tinham que ser boazinhas. Aprendem que o valor delas está atrelado ao que fazem pelos outros. É muito comum ver mulheres que não amam seus parceiros, mas amam o amor que elas acreditam que eles sentem por elas.

O amor é a disponibilidade e a coragem de investir e apostar na vida. Talvez por isso as mulheres sejam tão medrosas diante da vida. E vejo assim: amar é se expandir, é colocar algo seu no mundo, e assim, o mundo, ao invés de assustador, passa a despertar curiosidade para explorá-lo. No entanto, as mulheres são levadas a achar que o amor é um cálculo matemático, que irão receber amor à medida que se sacrificam. Por isso, quando uma pessoa as rejeita, principalmente um homem, em vez de fazer luto, ou seja, retirar o investimento daquilo, investem o dobro, jurando que vão convencer o outro de seu valor. Porém o amor acontece quando abrimos mão de tentar ser objeto de desejo do outro e enxergamos a interação com o outro como uma oportunidade de nos expandir. [134]

Amor é quando apostamos na vida. E uma pessoa amorosa não é boazinha e trouxa. Quem aprende a ser amorosa aprende sobre assertividade, respeito e limites. O desinteresse e os maus

---

[134] Não estou dizendo da mentira de que você atrai pessoas ruins porque precisa aprender algo. Digo que a relação com o outro nos convoca a olharmos para nós mesmo, para além das nossas certezas narcísicas de que somos isso ou aquilo.

tratos do outro não a tornam obsessiva em mudar, salvar ou conquistar o outro. Uma pessoa amorosa, por não associar o amor à meritocracia, não é escrava da necessidade de agradar. Ela sabe que o amor não é se anular, controlar ou se esforçar para ser validada; ela sabe quem é e, principalmente, está disposta a evoluir, então consegue romper com seu próprio narcisismo.

Quando nos preocupamos mais em ser amadas e aprovadas do que amar e nos desenvolver como pessoas, o sentimento de rejeição controla e domina nossa vida. A pessoa desesperada pela completude não quer ser a melhor versão, ela não quer ser amada. Ela quer ser idolatrada, por isso se torna escrava de si e dos outros, serva da ilusão de poder. No entanto, no fundo, ela é carente e impotente, e por essa razão não existe liberdade, tampouco felicidade.

Neste momento lembro-me de Melaine Klein, que disse que o conhecimento sempre nos expulsa de algum paraíso. E o autoconhecimento é o quê? Se você ainda tinha a ideia de que o autoconhecimento era um jardim florido que te faria amar-se como uma borboleta no campo, saiba que quanto mais nos conhecemos de verdade além dos discursos do Outro, mais nos deparamos com as partezinhas desconfortáveis dentro de nós. E acolher e bancar essas partes retoma o conceito que eu trouxe aqui acerca da solidão – bancar a própria solidão é sujar-se de si mesma, vestir a própria pele, parar de fantasiar-se para que os outros te aprovem.

Da mesma forma que disse antes que a ameaça de ficarem sozinhas só afeta as mulheres por elas serem carentes de senso de si, a necessidade de manterem a imagem ideal é que as fazem inseguras, porque ficam o tempo todo com medo que a roupinha de boazinha rasgue, que vejam por debaixo da fantasia. Não à toa, as mulheres são muito afetadas pela síndrome da impostora, porque, no fundo, somos ensinadas a sermos impostoras, não porque não temos capacidade ou porque fingirmos ser incríveis, mas nos escondemos, matamos a nossa originalidade, não bancamos a nossa singularidade, passamos boa parte da vida tentando agradar, não fazendo o que desejamos.

Mulheres ficam tentando adivinhar o que o outro deseja e fingem serem seu próprio desejo, pois têm medo de serem rejeitadas. Elas vivem sempre em busca da permissão de alguém, da validação, para não serem punidas ou julgadas pelas próprias ações e escolhas.

A potência não reside no autoconhecimento, porque a grande dificuldade não é conhecer-se, é ser quem se é, porque, então, não há como agradar a todos. Nina Zobarzo tem um poema que diz:

> Permita-se ser mal vista, mal falada, mal avaliada. Permita que se enganem a seu respeito, que deem risadinhas pelas costas! Permita que julguem, que cochichem, que acreditem saber quem você é! Permita que te "olhem torto", que se afastem, que te excluam, que te rejeitem! Deixe sua reputação cair por terra, enfrente seu maior pesadelo! E veja que sim, ela acaba em morte! Morte desta que era escrava "dos outros". E então viva, viva livre, sem medo. Porque os "outros" não tem mais poder sobre você.[135]

Entenda que você não pode controlar os outros. Pare de se enganar e ser tão cruel com você mesma. Tornar-se uma mulher autônoma é saber que ser bem-vista e elogiada nem sempre é ser amada, porque, se você refletir, perceberá que são elogios condicionados à submissão e à servidão; são elogios e migalhas de quem se aproveita e se beneficia da sua passividade. E o amor não é servidão nem disponibilidade, é disposição e respeito.

Muitas vezes, a crítica é o melhor que podemos receber, pois aponta para o fato de estarmos finalmente escolhendo. A mulher autônoma é vista como egoísta, masculina, amargurada devido a uma sociedade que lucra com a permissividade feminina. Eu não

---

[135] ZOBARZO, Nina. *A Força: autodescoberta e poder pessoal.* Nina Zobarzo. Clube De Autores; 19 dezembro 2022. 160p.

sei você, mas prefiro ser criticada por escolher e ter voz do que ser idolatrada como mulher de alto valor por sempre ceder aos desejos dos outros, como se meu valor fosse a minha utilidade à satisfação alheia. Então faça bom uso dos seus incômodos, das suas críticas, dos olhares tortos. Eles podem ser tijolos para a construção da sua autonomia.

Ser uma mulher protagonista subverte a lógica de feminilidade que é introduzida na socialização feminina. Então querer ser boazinha, idolatrada e bem-vista, ter autonomia e espontaneidade, não é um desejo possível. Muitas mulheres querem mudar, mas não conseguem porque não querem abrir mão, não querem perder. Mas não existe mudança sem perda.

> Amor é quando apostamos na vida. E uma pessoa amorosa não é boazinha e trouxa. Quem aprende a ser amorosa aprende sobre assertividade, respeito e limites. O desinteresse e os maus tratos do outro não a tornam obsessiva em mudar, salvar ou conquistar o outro.

O AMOR É A CURA

> *Se pensas no amor como propriedade*
> *Não é amor que procuras*
> *é um mordomo ou um escravo*
> *Amor que não considera a*
> *pessoa real desejante é uma*
> *arapuca semelhante as que*
> *capturam e prendem passarinhos em gaiolas por*
> *causa de sua beleza e de seu canto.*
>
> *(Ozzi Cândido)*

Acredito que quando você pensa em amor, ainda te vem à mente uma relação amorosa conjugal baseada no mito do amor romântico. Mas esse amor não é amor, é escara.

Na medicina, escara ou úlcera de pressão é entendida como ferida causada pela deficiência prolongada na irrigação de sangue e na oferta de nutrientes decorrente de pressão externa. E não é essa uma bela definição para o que o mito do amor romântico causa nas mulheres?

Os papéis de gênero impuseram às mulheres uma pressão de como deveria ser usado seu tempo de vida. Não fomos ensinadas a fazer algo interessante com a nossa existência e por isso paralisamos, ficamos acamadas emocionalmente, sofrendo pressões externas. O resultado é uma enorme deficiência de nutrientes emocionais para a vida: criatividade, autonomia e coragem. As feridas abrem-se e comem-nos vivas.

No amor romântico ficamos entorpecidas de fantasia. Iludimo-nos com palavras cheias de juras de completude e, então, quando a fantasia cai, fica uma dívida impagável. A nossa primeira relação amorosa, entre mãe e filha, como vimos, geralmente segue essa dinâmica, uma agiotagem emocional em que a mãe é muitas vezes obrigada a dar mais do que tem, e depois exige que as filhas alimentem seu narcisismo. E isso é repetido em todas as relações na vida adulta.

Quando falo de amor como cura, falo do amor vivo, amor que é movimento. Ou seja, amor que é falta, vazio, buraco; amor que é ponte que nos liga à vida; amor que começa quando a fantasia cai, que suporta serem dois ali, pois amor não é um contrato entre dois narcisistas. Pelo contrário, amar é reconhecer e validar a alteridade de cada um, e não só no amor conjugal; é, também, poder ser duas coisas diferentes: você e a mãe, você e a família, você e o amante. O amor só é possível quando há dois, assim, o amor que cura é o movimento de abrir mão da fome narcísica de fusão.

Em qualquer tipo, uma relação amorosa deve suportar que não somos o que o outro acha e que o outro não é o que idealizamos dele. Essa é a cura. Abrir mão de exigir de si e do outro uma adequação às ilusões criadas e passar a encontrar nos desencontros algo que torne a vida mais interessante.

O desencontro com o outro é a melhor maneira de tornarmos nosso desamparo um pouco mais suportável. E é o amor que possibilita atravessarmos o nosso imaginário infantil. O amor não se encontra; inventa-se, cuida e responsabiliza-se, diferentemente da lógica narcísica, que deseja consumir o outro, torná-lo tapa-buraco do nosso vazio, saturando seus desejos, e por fim, os próprios, pois sem falta não há desejo.

Freud diz que, algumas vezes, sem ter como suportar a realidade, o sujeito recorre a um mundo de fantasias para tornar a vida mais palatável, porém é importante não transformar a fantasia em âncora que nos fixa e impede-nos de navegar e de viver. As fantasias auxiliam-nos a suportar o real e o ideal ajuda-nos a sonhar, a desejar, mas só se ele não for rígido, só se assumirmos que, na maioria das vezes, não sabemos bem o que estamos fazendo.

Ninguém aprendeu a viver, estamos todos improvisando. A vida é para quem sabe viver, mas ninguém nasce pronto. Assim, a vida é para quem é corajoso o suficiente para arriscar-se.[136]

Kaká Poeta, em a @papel.mulher diz: "Luto pra não me en-caixar porque tenho medo de perder as infinitas possibilidades que estão do lado de fora".[137] Curiosamente, a primeira vez que li essa frase, li luto no sentido de elaboração de luto, não de luta. É interessante, porque é preciso luto, não só lutar, mas elaborar o luto para não perdermos as infinitas possibilidades. No fundo, para viver é preciso saber perder.

Clarice Lispector afirmava que poucos querem o amor, porque o amor é a grande desilusão de tudo o mais. E poucos suportam perder todas as outras ilusões. Ela diz que até há os que se voluntariam para o amor, pensando que ele enriquecerá a vida pessoal. Mas é o contrário: amor é, finalmente, a pobreza. Amor é não ter, é, inclusive, a desilusão do que se pensava que era amor.[138]

Acredito que o amor é o que nos dá força para viver, porque amar, e, consequentemente, viver, é reconhecer e apostar nos furos, é enxergar nas ausências outras possibilidades e complexidades além do puro e simples discurso narcísico de desaprovação. É saber que a diferença assusta-nos, mas também nos interessa. Que o inesperado dá medo, mas é nele que residem as infinitas possibilidades do novo.

Quando pensamos em ser amadas é comum que associemos isso a sermos aprovada. É curioso como as mulheres aprendem a colar uma coisa na outra, como se no amor, principalmente o romântico, estivesse a chave do retorno à completude. Se tornar uma pessoa amorosa é algo que nos coloca frente a nossa solidão,

---

[136] O pensamento costuma ser atribuído a Clarice Lispector, mas não há fontes que confirmem essa autoria.
[137] Kaká Poeta via instagram @papel.mulher
[138] LISPECTOR, Clarice, 1925-1977. Felicidade clandestina: contos / Clarice Lispector. Rio de Janeiro: Rocco, 1998.

a solidão que é estar em nossa própria pele, o que Freud chamou de castração, o real de que é impossível viver sem falta.

Pode parecer pessimista essa premissa, mas é justamente a castração que faz a criança enxergar o mundo para além dos pais e do seu próprio umbigo. É ao nos percebermos faltantes que nos lançamos ao nosso desejo, ao mundo, à vida, a nós mesmos.

Percebam, então, que ser sujeito de falta não precisa ser vivido como sofrimento. Muito pelo contrário, é no fim das contas um grande alívio, porque ao sermos castrados há proibições, mas há também uma abertura para um mundo novo, um mundo nosso. É justamente para não sucumbirmos ao horror do desamparo que se faz necessário que nos deparemos com limites, os "nãos", as diferenças, caso contrário ficaríamos para sempre dependentes de um Outro.

É a separação que torna possível construirmos e inventarmos nossa forma de dar voz aos nossos desejos. Percebem como isso tem tudo a ver com ser amada? Muitas vezes, o nosso narcisismo primário retorna, fazendo-nos acreditar que somos objetos de satisfação do outro e que ele deve nos fazer feliz, salvar-nos de nós mesmas. Assim, voltamos a olhar para nosso umbigo, o que nos impede de tomarmos a falta como combustível e causa de desejo, pois vemos o que falta como fator de sofrimento e adoecimento, ficamos fixados na fantasia de que há algo que não sabemos o que é, mas que ficaríamos plenamente felizes se o tivéssemos. Dessa forma, não encaramos a castração, tentamos tamponá-la pela via do sintoma, e acabamos com a nossa habilidade criativa para uma nova vida.

"O que entrego de amor não quero de volta. Quero de novo"[139]. Veja bem, em psicanálise entendemos que só podemos amar quando caímos do pedestal de completude ilusória de "sua majestade, o bebê". Apenas quando vemos que a mãe tem outros objetos de amor além de nós é que podemos buscar o amor, porque se ela está ali o tempo todo, não sentimos falta dela. Por isso

---

[139] FERRAZ, Liane. Sede de me beber inteira. Ed. Planeta. 2022. 256 p.

que Winnicott diz que mãe em falta é ruim, mas mãe em excesso é muito pior. Se o amor da mãe é nosso primeiro amor, é o amor dela por outras coisas, e a função paterna, que nos liberta das garras do narcisismo materno e faz-nos aprender a olhar para outra coisa além do nosso próprio umbigo, olhar para o próprio umbigo é viver sofrendo buscando a completude, tal qual no mito de Aristófanes, de Platão.

Em *O banquete*, Platão conta que éramos seres completos e, por isso, seres muito fortes. Zeus, preocupado com a possibilidade de tirarmos o lugar dos deuses, para nos enfraquecer cortou-nos pela metade, costurando cada parte na região do umbigo para que sempre nos lembrássemos do resultado da nossa vaidade. Desde então, cada um de nós viveria sentindo a falta de algo, supostamente a metade de si mesmo.

Muitas pessoas, principalmente mulheres, querem retornar à ilusória posição de completude a partir do amor romântico, esperando que o outro salve-a e satisfaça-a completamente. Por isso, tudo que é diferença torna-se indiferença, as relações tornam-se um somatório de experiências que devem proporcionar satisfação plena, como um grande cardápio de felicidade como se tudo que frustrasse nossa idealização – o outro ser outro, por exemplo – fosse um ataque do outro contra nós.

O ser humano vem se tornando cada vez mais narcísico. Não busca amor, mas alguém que seja mero espectador e sirva apenas para polir a necessidade narcísica de ser amado incondicionalmente. Contudo lembre-se: o amor incondicional que recebemos dos nossos pais no primeiro momento, como disse no segundo capítulo, não passa de pura projeção dos nossos pais de que seremos a versão corrigida deles. Então nossos pais não nos amam em primeiro momento, amam a imagem deles projetada em nós. Assim, muitas mulheres não querem contato mais profundo com o universo alheio.

> Por ser ensinada a temer a solidão constantemente, mulheres anulam-se para caber nas expectativas do outro, para serem aprovadas, idolatradas e objetos de desejo do outro. É preciso topar desagradar e dar voz ao próprio desejo para ser livre.

Elas querem ser amadas, mas esperam que o outro seja extensão delas. Não a imagem do que são, e sim do que gostariam de ser.

É nesse movimento que muitas mulheres colocam-se nas relações amorosas. Elas esperam que os parceiros façam-nas retornar para o lugar de majestade, de objeto de satisfação do outro, acreditando que elas podem fazê-lo feliz e que, como recompensa, devem devotar-se a ela completamente, tratá-la como objeto de satisfação, como suficiente, devolver-lhe o lugar narcísico de completude, de ideal. Por exemplo, é comum perceber como algumas mulheres odeiam a individualidade masculina.

Por ser ensinada a temer a solidão constantemente, as mulheres anulam-se para caber nas expectativas do outro para serem amadas, idolatradas e donas do desejo do outro. Ficam desesperadas para terem um mestre, um senhor, tudo para não ter que se responsabilizar pela própria vida, para não terem que suportar elas mesmas. Elas entregam o destino na mão de outro, deixam que ele decida o quê, como e quando devem ou não fazer algo. E quando algo dá errado, elas têm a quem culpar sem precisarem admitir sua própria responsabilidade nas escolhas que a prejudicaram.

Para amar e ser amada é necessário topar perder o ideal de amor enquanto completude, é entender que ninguém nos livrará da solidão. Nenhuma relação, nem mesmo a recíproca. Inclusive, para que uma relação seja recíproca, como vocês podem ver aqui, é preciso suportar a solidão. E isso não significa só ter bons momentos meditativos de solitude, tomando um vinho e curtindo a própria companhia, mas, principalmente, bancar a própria vida como adulto, com suas angústias e tensões. Aquele que não suporta a solidão não suporta a si mesmo e torna-se um tirano, que busca nas relações o que uma criança esperaria dos pais e não o que um adulto deveria esperar de outro adulto.

Aproveito aqui para dizer que não gosto do conceito de solitude, pois acredito que a grande chave para lidar com a solidão não é defini-la como boa ou ruim, não é dividi-la em solidão x solitude, mas aprender, inventar, criar, tentar, improvisar algo com ela, apesar dela ou justamente por causa dela.

A solidão não tem cura porque ela não é doença. E ela não precisa ser solitude porque não vai ser sempre um estado meditativo e prazeroso. A solidão também é tédio e angústia. E que bom, porque o tédio e a angústia são combustíveis do desejo. A angústia é revolucionária, pois ela é o afeto que não mente, ela insiste com o protesto contra tudo aquilo que te afeta, sufoca e oprime.

Em tempos em que se superestima o prazer, só cabe ao mal-estar ser extirpado o mais rápido possível. E o engano é achar que prazer é sinônimo de felicidade. O budismo diz que o que nos faz sofrer é a constante busca por prazer, o que, de uma perspectiva neurobiológica, faz total sentido, porque o prazer é uma resposta química da dopamina, e tudo que a dopamina quer é mais dopamina. Ela é a molécula do "quero mais", ela nunca está satisfeita. Aliás, ela é a principal responsável por todos os vícios.

Assim, buscar a felicidade como se fosse consequência do prazer acaba não sendo sobre prazer, mas evitar todos os riscos da vida, pois ao invés de viver você passa a, compulsivamente, evitar toda ausência de prazer. Qualquer incômodo, qualquer tédio e qualquer angústia torna-se um bicho-papão que deve ser combatido, e é aí que se perde toda a potência transformadora do sofrer. Dizer isso não é romantizar estados de angústia e sofrimento, como se devêssemos tirar algo de proveitoso de toda dor, mas entender que angústia é condição da existência humana, um importante gerador de movimento e transformações.

Não é à toa que a geração atual quer tanto, mas faz pouco. Não suportam os processos, morrem de medo dos erros. Se antes, por conta das constantes repressões sociais e morais, o sujeito sofria demasiadamente por sentir algum prazer, hoje vejo sujeitos que sofrem pelo excesso. Porque como nos alerta Kehl, ao patologizar a tristeza, perde-se a potência que reside na dor de viver.

Freud diz que nenhum ser humano é tão forte quanto aquele que tem certeza de ser amado, e no mesmo texto[140] afirma que amar nos vulnerabiliza, afinal, quando nos apegamos a alguém, temos medo de perdê-lo. E por não lidarmos bem com perdas podemos cair na tentação de tentar controlar o desejo do outro, e na tentativa de ser tudo na ilusão de retirar qualquer ameaça de perda, tiramos a condição para o amor: a diferença.

Isso leva, sobretudo as mulheres, a quererem descobrir o que o homem deseja e o que elas precisam ser para que ele não olhe para o lado. E aí vem a castração. Precisamos decidir o que queremos, porque é impossível deixar todo mundo feliz. Essa decisão não acontece de bom grado e sem sofrimento, pois entender que não podemos ser o objeto de satisfação e felicidade de todos é uma baita ferida narcísica. Talvez por isso um dos maiores fatores de sofrimento humano seja a necessidade de ser bem-visto.

Cláudio Thebas diz que uma pessoa boazinha não é confiável. A boazinha quer manter as aparências, quer fugir da própria ambiguidade, então acaba não se amando, porque idolatra o ideal e odeia a si mesma. E quem não se ama não pode amar ninguém. Porque o amor pelo outro é uma extensão do amor próprio. Quem se mantêm como boazinha, ao invés de se tornar alguém amorosa, como disse anteriormente. Toma as relações como troca de recompensas porque precisa desesperadamente que o outro a aprove o tempo todo e para tal, ilude-se de que a solução é ser boazinha. Tal atitude custa a própria autoestima, afinal, se ela tiver o senso de si mesma fortalecido, terá que abrir mão da aprovação externa como fator de felicidade, ou seja, será preciso bancar a castração. Mas quanto mais esforço tiver sido feito para obter a aprovação, menor a probabilidade de confiar em si mesma. E como nós, mulheres, experimentamos nosso senso de si pelo olhar externo, a maioria não tem coragem de enxergar a si por inteira, são apenas pedaços para satisfação do outro.

---

[140] FREUD, S. (1930-1936) *O mal estar na civilização*. In: Obras completas volume 18: O mal-estar na civilização e outros textos. Tradução de Paulo César de Souza. São Paulo: Companhia das letras, 2010.

É preciso parar de tentar agradar a todos e dar voz ao próprio desejo. Na melhor das hipóteses, o amor frustra o ideal, inclusive o ideal de boazinha, e quem suporta que o ideal caia e consegue sobreviver ao baque da queda permite-se a realidade do amor cheio de furinhos, que não preenche, mas dá um belo contorno, que faz a vida mais gostosa. E o preço desse amor é o luto. Luto por quando ele se vai, mesmo que volte; luto pelo ideal, pelo que se pensava ser amor, pelo que pensava de si. Aqueles que não suportam perder o ideal fixam-se num amor infantil, um amor desmedido, como diz Freud, que não tolera parcialidades. Sendo assim, um amor dependente, preso e fusional. O que leva à dependência emocional.

Entenda que amor nenhum nos salva da angústia da existência, nem o amor do outro, nem o próprio. "Amar é perder. É perder o ideal de si e do outro, é um pouco se perder no outro, muito se achar no outro, mas jamais é se completar"[141] Como disse Clarice Lispector lindamente: "Amar é perder, é desilusão inclusive do que se pensava ser amor"[142].

Cada vez mais as pessoas dão voz e poder aos *coachs* de amor porque querem saber como amar certo. Como disse Cazuza: "Nosso amor a gente inventa". Mas "Cazuza também era um grande exagerado. Inventava um amor que era "todo amor que havia naquela vida". Sem concessões e sem economia, queria sempre mais, exageradamente. Era tudo ou nada, uma batalha entre a vida e A.MOR.te. E como triunfar à um amor que consome"[143] a si e o outro?

Para mim, a dependência emocional é a morte do desejo na tentativa de não lidar com a falta, os intervalos, as ausências e os desencontros com o outro. Ao condicionar sua existência e sua felicidade ao outro, você está dizendo a ele que ele é seu tudo, e por isso ele não pode desejar nada fora da relação, caso contrário você ficará sem ar para respirar; pois como você não

---

[141] SUY, 2021.
[142] LISPECTOR, 1998.
[143] Psicanalista Ariane Almeida via instagram @psicologaarianealmeida

se permite respirar ares novos, condenando-se a morrer caso o outro te deixe, você condena o outro a ser culpado pela sua infelicidade caso te deixe, ou deseje algo além.

Pense comigo como isso é cruel com o outro. Você está dizendo que se ele for embora, terá que lidar para sempre com o peso de sua morte – mesmo que simbólica –; e é terrivelmente cruel com você, que na tentativa de nunca viver a despedida faz-se totalmente dependente da vida do outro ao custo da sua.

Então há vários fatores que podem te levar à dependência emocional, entre eles: a covardia diante do amor devido ao aprendizado disfuncional a respeito do que ele é; carências, medo da autonomia e falta de criatividade para encarar as próprias faltas como causa de desejo.

Lacan já nos dizia que amar é dar o que não se tem a quem não o quer, pois, na verdade, o que temos é a falta; se tivéssemos o amor não precisaríamos do outro. E o outro não deseja a minha falta, mas o meu amor, porém eu não o tenho. Eis o grande dilema da neurose humana: cada um projeta no outro a sua própria falta e exige dele um remédio. Mas aquilo que não tem remédio, remediado está. O amor jamais será remédio para a falta porque a falta não é doença. E a falta é condição para o amor.

É o amor que nos salva da ferocidade do narcisismo, é o outro que dá notícia do mundo fora do nosso umbigo. O problema é que tomamos a nossa falta como algo a ser preenchido e cobramos que o outro faça esse papel, pois aprendemos que o amor romântico irá nos suprir em tudo e em todas as coisas.

Não é sua culpa que você ajude a construir relações tão autodestrutivas. Provavelmente você não tem nenhuma outra referência em seu repertório emocional e comportamental. No entanto você é responsável pela mudança que precisa acontecer. Ninguém pode fazer o processo de mudança no seu lugar.

Assim, vamos entender que a forma como aprendemos a ser no mundo vem de um sistema de ensino e de educação norteado pela obediência cega ao mestre, por isso nós aprendemos hábitos dependentes, mediados pela cultura que nos ensina um senso de inadequação pessoal, buscando amparo fora de nós. Dessa forma, passamos a nos preocupar mais com o que o outro irá pensar e dizer do que com a nossa felicidade, sobretudo quando pensamos na vivência da mulher nessa sociedade sexista.

A maior parte do sofrimento nas nossas relações familiares, românticas e de amizade tem a ver com algo muito simples e muito complexo ao mesmo tempo: não entendemos nada sobre o amor.

Desse modo, o primeiro passo para mudar essas dinâmicas é dar-se conta de que existe um sistema opressor e ele está operando dentro de nós. Aprendemos desde a nossa infância representações disfuncionais de relacionamentos. Um desses exemplos, como disse anteriormente, são os casais dos contos de fadas. Neles podemos observar o quanto de abuso é fantasiado de amor: mulheres beijadas enquanto dormem, falta de consentimento, o homem representado sempre como salvador da vida das mulheres, incentivo à rivalidade feminina, princesa que se apaixona pelo sequestrador, mulheres sendo celebradas por serem unicamente belas e caladas, e o "Felizes para sempre" relacionado a encontrar um príncipe encantado para se viver o romance perfeito.

Entretanto os príncipes são homens que têm a maturidade de uma criança mimada, e por se beneficiarem disso não se esforçam ou pouco se interessam em melhorar, evoluir ou desconstruir pensamentos e posicionamentos machistas, afinal, a maioria não vê o menor problema nisso.

E como temos um desamparo constituinte – lembra-se de que nascemos carecendo de amor? – fica um rastro disso em nós, e ao invés de aprendermos a construir bases fortes para lidar com isso, recebemos um ensinamento sobre o amor misturado com violência, com opressão e com necessidade de aprovação, o que nos leva a entregarmo-nos de bandeja para relações de subordinação.

CONCLUO QUE AQUI NÃO CABEM VILÕES E MOCINHAS

> "A impressão que dão é de serem perseguidas por um destino maligno ou possuídas por algum poder demoníaco; porém, seu destino é, na maior parte, arranjado por elas próprias e determinado por influências primitivas infantis."
>
> (Freud)

Desde novas aprendemos que amor é um sacrifício que temos que fazer para termos um homem em nossa vida. Romantizam o deixar-se de lado por ele, romantizam até arriscarmos nossa vida para termos um homem conosco. Aprendemos que o mito do amor romântico é a única forma de amor e que para ser feliz precisamos sonhar e buscar vive-lo.

Mas como não corresponde à realidade, tampouco a algo sustentável, em pouco tempo de relação as pessoas decepcionam-se e frustram-se, porque o mito propõe a fusão de duas pessoas, como se fosse possível a complementação total entre elas. E para alcançarmos uma relação leve e saudável, respeitar a própria individualidade é fundamental.

Por isso meu desejo ardente era trabalhar neste livro uma nova perspectiva da dependência. A intenção é que você entendesse que temos um vício emocional nessas dinâmicas e, muitas vezes, acabamos mantendo-nos pela inabilidade feminina de lidar com o conflito da liberdade e da autonomia, porque a liberdade assusta, ela apresenta-nos possibilidades para as quais não nos sentimos equipadas. Ainda há a dependência que, por mais danosa que seja para a mulher, é uma forma apoio, é o nosso conto de fadas, esperando que um dia alguém nos salve de nós mesmas, da angústia de sermos adultas e donas das nossas próprias vidas.

Claro que não podemos pensar o sujeito fora do meio em que ele está inserido e não podemos simplesmente individualizar um sofrimento culpabilizando-o e colocando exclusivamente nas mãos dele a culpa por ter chegado até determinado ponto. Mas precisamos nos responsabilizar. Como venceremos uma batalha se não sabemos contra quem estamos lutando, não é mesmo?

Então, mulher, descentralize esse dispositivo amoroso, busque realizações pautadas no seu desenvolvimento e não em mostrar-se suficientemente boa para ser assumida por um homem. Você já parou pra refletir em como você permite-se expressar sua identidade no mundo de hoje? Há quem não consiga enxergar muito bem a identidade e há quem a reprima. Seja por medo de julgamento, de rejeição ou de avaliação, as mulheres constroem uma armadura – o falso self de boazinha –, que protege quem realmente somos, por nos sentirmos ameaçadas ou vulneráveis.

Quando não gostamos ou não aceitamos bem alguns desses fatores por termos sido recebidas num ambiente que não valorizava a singularidade e tomava a diferença como erro, temamos que todos reajam assim. Consequentemente, temamos sua avaliação moldando-nos para atender expectativas muitas vezes impossíveis e incoerentes com o que queremos.

Ao dar voz ao nosso self essência, construímos proximidade com nós mesmas, permitimos o autoconhecimento e o autocuidado, porque, ao acolhermos as partes difíceis, que, na verdade, fazem parte de quem somos e que merecem tanta atenção e compaixão quanto as outras, retomamos nosso poder.

Quando possibilitamos esse vínculo transparente conosco – um caminho que se constrói um dia de cada vez – a vulnerabilidade deixa de ser pejorativa e nos faz apreciar a nossa humanidade, a nossa imperfeição e a nossa singularidade. Isso melhora nossa relação conosco, constrói um senso de identidade e muda a forma como lidamos com o mundo e, assim, permitimos-nos apostar na vida sem temer tanto os julgamentos e perdas.

Relacionar-se envolve em estar com outro, e trata-se de conviver não só com uma presença, mas com histórias, desejos, traumas, expectativas. Estar junto é buscar acolhimento dentro dessa troca. É inevitável não carregar nossa bagagem de vida ao nos encontrarmos com o outro, assim como ele também traz a bagagem dele.

Nossas projeções não vão criar no outro o que desejamos, bem como não precisamos vestir-nos da demanda dele para sermos amadas. Então aprenda a ser honesta consigo mesma, porque se você deseja construir uma relação sólida, saudável e feliz, é importante que você saiba lidar de forma funcional com seus traumas de relações anteriores, ressignificar a relação com seus pais e encarar suas próprias frustrações e medos, e saber que o outro também virá com seu próprio caos.

Quando me dispus a escrever este livro eu queria apresentar às mulheres um feminismo que acolhe a mulher, que educa, que ensina, mas não passa a mão na cabeça como uma mãe que negligencia a responsabilidade da filha para parecer amorosa. O amor é fazer furo no nosso narcisismo, é deixar cair o ideal, e eu desejo muito que você ache o fio condutor do seu desejo e deixe cair o ideal de mulher boazinha e de vítima do próprio destino.

É fato que nos últimos séculos o homem foi identificado à imagem do poderoso, digno de plenos direitos e a mulher colocada no lugar de ser humano de segunda classe, e todos esses pensamentos se cristalizaram afetando a forma de nos olharmos. No entanto, para além de toda dinâmica de feminilidade descrita neste livro que opera em nós, mulheres, um fator importante que não podemos desconsiderar é o quanto a promessa de um rótulo, um título, uma aliança, como algo que dê às mulheres o controle sobre o desejo do outro e que lhe garantirá ser o único objeto de amor dele para sempre seduz as mulheres.

As mulheres gozam nesse lugar de boazinha, mas dizer isso não invalida o preço altíssimo dessa suposta garantia. Custa-lhes a vida delas, a espontaneidade e a criatividade. Ser criativa e espontânea significa ter que encarar as próprias angústias e nem toda mulher está disposta a isso, então elas não repetem o padrão apenas como vítimas passivas, mas ativamente fugindo de si mesmas, porque a vida exige um bocado de criatividade – de criar, de atividade, de ser ativo, de movimento.

E, afinal, como lidar com a incerteza da vida sem ser criativo? Como reinventar-se quando acontece o inesperado? Como desconstruir o outro em nós e criar as nossas próprias narrativas únicas sem espontaneidade e criatividade? Criar! Sonhar! Sofrer! Sofrer processos! A vida é um processo. Mas será que você tem coragem de sofrê-los? Sofrer nem sempre precisa ser dor, mas enfrentar riscos, desafios, angústias, medos, conquistas e frustrações.

Muitas mulheres colocam-se na posição infantil de serem dependentes do outro, tornando-o seu algoz. Pagam altos preços para se manterem em relações desgastantes, tornam-se reféns da própria carência. Ao esperarem que o outro as complete, e frustram-se, afinal, a relação amorosa é uma incerteza ambulante.

Não estou falando de abuso e de inseguranças com violência psicológica. Falo das incertezas da vida. Não tem como o outro garantir que não deixará de te amar, que não mudará de ideia, que não mudará o rumo do olhar e, principalmente, ele não pode te prometer eternidade, porque das únicas certezas que temos é que caminhamos para a morte. O preço de amar e ser amada é ter que enfrentar o luto em algum momento. Será que você está disposta a correr o risco?

O discurso feminista foi tomando, em alguns aspectos, uma roupagem de falar mal de homens e sustentar uma posição de vítima passiva da mulher. Entenda, somos, sim, vítimas do sistema que nos oprime. É cruel a forma como fomos educadas. Mas se não olharmos para nossa cumplicidade nisso, não conseguiremos mudar a nossa realidade. Ficaremos só enxugando gelo, colocando nossa potência e nossa atenção em falar mal dos homens e esquecendo-nos de cuidar da nossa própria vida.

Quanto tempo você passa pensando em relacionamentos, seja em ter um, não querer um – porque agora você é empoderada –, ou tentando manter um? Seja sincera. Onde está a sua energia para atividades que constroem seu próprio desenvolvimento? Você tem um projeto de vida? Um planejamento existencial? A maioria das mulheres ainda tem uma existência medíocre; elas não estudam, não leem, não questionam, não produzem, apenas reproduzem.

Elas não têm objetivos de autodesenvolvimento e não são interessantes porque não se interessam pela própria existência, vivem buscando "anestesia" ao invés de se disciplinarem para lidarem com os próprios afetos. Não é disciplina no sentido falacioso de capitalismo de ser uma pessoa resolvida, como se a vida tivesse solução e resolução em métricas. A vida é essa coisa irregular, confusa, incompleta, e por isso maravilhosa e interessante.

Este livro é um convite para que você cresça. Quando nos recusamos a crescer, nossa necessidade de amor fica fixada a uma posição narcísica primária. Não que perderemos isso um dia; não, sempre fica um resto, um rastro. O que quero dizer é que quando determinamos que o amor é aquela devoção narcísica dos nossos pais na "majestadezinha", perdemos a nossa potência real, esperamos que aquilo retorne, cobramos das pessoas que elas respondam daquele lugar, exigimos de nós aquele ideal, nos tornamos nosso pior carrasco ou o pior dos ressentidos.

A minha definição de amor próprio é ter coragem de se sujar de si mesma. E a condição para que ele floresça é escutar-se, porque só assim é possível que haja uma a.própria.ação do seu desejo. Não é sobre não precisar de mais ninguém, mas ter coragem de enfrentar a própria vida e parar de querer que o outro faça isso no seu lugar. É sobre perceber a sua história como parte importante de quem você é, mas que não diz tudo nem define o seu fim. É sobre entender que quando você cuida de si e prioriza-se, você também está cuidando das suas relações, dos seus sonhos e da sua vida.

> Desde novas aprendemos que amor é um sacrifício que temos que fazer para termos um homem em nossa vida. Romantizam o deixar-se de lado por ele, romantizam até arriscarmos nossa vida para termos um homem conosco. Aprendemos que o mito do amor romântico é a única forma de amor e que para ser feliz precisamos sonhar e buscar vive-lo.

ENTÃO, MINHA QUERIDA

> *[...] você [...] não tem ossos de vidro. Pode suportar os baques da vida. Se deixar passar essa chance, com o tempo seu coração ficará tão seco e quebradiço quanto meu esqueleto. Então, vá em frente, pelo amor de Deus.*
>
> (O Fabuloso Destino, de Amélie Poulain)

O que podemos concluir é que desde o nosso nascimento somos tomados por angústia. Somos seres de angústia. Fomos expulsos do paraíso, do útero materno, que supria todas as nossas demandas, éramos um com a nossa mãe. Mas fomos expelidos do corpo dela, teve ordem de despejo, lançaram-nos no mundo sem nos prepararmos para isso; não à toa berramos no nascimento.

E na vida adulta ainda somos invadidos pela angústia, que é da ordem da desordem; não há fórmula para acabar com ela, ela é única. E só nos resta, então, atravessá-la.

A angústia é uma força que muitas vezes não sabemos o que fazer com ela. Ela clama por respostas e, apesar do medo, podemos fazer dela algo que nos paralisa ou que nos excita. Mas para isso precisamos vencer a farsa egóica que nos prende. Precisamos dar conta de desmontarmo-nos e refazermo-nos.

O primeiro passo para isso é destronar os pais, matá-los – simbolicamente, claro. Temos que tirá-los do lugar de autoridade, de guia, de senhor dos nossos desejo, de mestre. Só assim poderemos bancar nossos erros e acertos, nossas escolhas e nossos afetos. Precisamos atravessar a alienação para, inclusive, humanizar nossos pais, deixar cair o ideal, e parar de ressentir--nos ao repetirmos o mesmo sofrimento compulsivamente. Esse movimento de trocar a angústia de fixação, de co-dependência, cobra um alto preço: sua liberdade. "Despertar para o amor só pode acontecer se nos despegarmos da obsessão pelo poder e pela dominação"[144]

Quando estamos alienados, dependemos que o outro produza recursos para o nosso desamparo. Damos a ele o poder de produzir narrativas, leis e regras no nosso lugar. Com isso passamos a viver com medo de bancar os nossos desejos, e o único caminho possível é esconder-nos no automatismo dos pensamentos e dos comportamentos velhos, na culpa, na dívida com o outro, reféns da aprovação externa.

Viver alienados é evitar encarar e escutar as próprias necessidades e os próprios desejos. Ao alienado não é permitido sonhar, relaxar, brincar, errar e desobedecer. Não dá para relaxar se sua vida depende do outro. Às vezes ficamos cansados, né? Ficamos endividados com o grande Outro, por isso as repetições transgeracionais. E, ainda assim, vem a frustração, pois demandamos do outro que ele saiba do que precisamos, mas ele não dá conta. Como consequência, entramos em relações autodestrutivas que nos esgotam. Viramos inseguras sedentas por controle e certezas, prendendo-nos a um único caminho para as coisas: a repetição.

Juramos que é na certeza e no controle que estaremos seguras, mas não se trata de segurança, é previsibilidade. A liberdade não existe quando temos medo do acaso e para fugirmos fazemos casa na repetição. Ficamos obcecadas por manter tudo estático. É preciso abrir mão da suposta certeza da repetição, aprender a nos adaptarmos, a locomover-nos, a surfar na onda da vida. A mudança pode ser até uma mudança do modo de sofrer. Afinal, vida é um processo, por isso a viver é sofrer. Mas nem sempre precisa ser doer.

Desejo que você faça algum uso das minhas palavras, que já não são mais só minhas. Que você pegue todo este conteúdo aqui presente como semente e não como produto; que ele germine aí, não na lógica do consumo, mas da leitura que semeia. Na lógica do consumidor pegamos um produto pronto, acabado, e fazemos

---

[144] HOOKS, bell. *Tudo sobre o amor: novas perspectivas*. São Paulo: Elefante, 2020. p. 1.

uso dele. Na leitura que semeia precisamos colocar algo nosso, somos ativos, trabalhamos em cima do texto.

Então que você tome todo conteúdo aqui de forma reflexiva, absorvendo o que faz sentido, produzindo seu próprio saber sobre si mesma. Aqui, a proposta é menos definir o certo ou errado que vem de fora e mais provocar investigação de como são as coisas para cada um. Não desejo que este livro seja um "entregou tudo" e, sim, um convite a elaborações.

REFERÊNCIAS

ALMEIDA, A. O superego arcaico, as redes sociais e sua relação com o burnout na era do cansaço. Revisitando Melanie Klein. São Paulo. 2022. Disponível em: https://pesquisa.bvsalud.org/portal/resource/pt/psa-141277. Acesso em: 30 jul. 2023.

BERGMAN, I. *Sonata de outono*. Rio de Janeiro: Nórdica, 1978.

BOLLAS, C. *Forças do destino. Psicanálise e idioma humano*. Rio de Janeiro: Imago, 1992.

BENHAIM, Michele. *Amor e ódio: a ambivalência da mãe*; Editora Cia de Freud; Belo Horizonte. 1. ed. 2007. 115 p.

DIAS, E. O. Sobre a confiabilidade: decorrências para a prática clínica. *Natureza Humana – Revista Internacional de Filosofia e Práticas Psicoterápicas*, São Paulo, n. 1, v. 2, p. 283-322, 1999.

DOIN, C. Espelho e pessoa. *In*: MELLO FILHO, J. (org.). *O ser e o viver*: uma visão da obra de Winicott. São Paulo: Casa do Psicólogo, 2001. p. 197-232.

DOWLING, C. *Complexo de Cinderela*. Título original: The Cinderella complex – Womens hidden fear of independence. Tradução de Amarylis Eugênia F. Miazzi. 2. ed. São Paulo: Melhoramentos, 2012.

DWORKIN, A. *Pornography*: men possessing women. New York: Plume, 1979.

ELIA, L. *O conceito de sujeito*. Rio de Janeiro: Jorge Zahar, 2004. (Coleção Psicanálise Passo a Passo, v. 50).

FREUD, S. Sexualidade feminina [1932]. *In*: FREUD, S. *Obras psicológicas completas*. Rio de Janeiro: Imago, 1996. p. 231-251. v. XIX.

_____. Algumas consequências psíquicas da distinção anatômica entre os sexos [1925]. *In*: FREUD, S. *Obras psicológicas completas*. Rio de Janeiro: Imago, 1996. p. 273-286. v. XIX.

_____. Introdução ao narcisismo (1914-1916). *In*: FREUD, Sigmund. Obras completas volume 12; *Introdução ao narcisismo, ensaios a metapsicologia e outros textos*. Tradução de Paulo César de Souza. São Paulo: Companhia das letras, 2010.

_____. (1930-1936) O mal estar na civilização. *In: Obras completas volume 18: O mal-estar na civilização e outros textos*. Tradução de Paulo César de Souza. São Paulo: Companhia das letras, 2010.

GALVAN, G; MORAES, M. Os conceitos de verdadeiro e falso self e suas implicações na prática clínica. *Aletheia* [on-line], n. 30, p. 50-58, 2009. Disponível em: http://pepsic.bvsalud.org/scielo.php?script=sci_arttext&pid=S1413-03942009000200005&lng=pt&nrm=iso. Acesso em: 12 maio 2023.

GORI, R. *Lógica das paixões*. Tradução de Inesita Barcellos Machado. Rio de Janeiro: Campo Matêmico, 2004.

GRAHAM, DEE L. R. RAWLINGS, Edna; RIGSBY, Roberta. Amar para sobreviver: mulheres e a síndrome de Estocolmo social. Tradução de Mariana Coimbra. 1. ed. São Paulo: Cassandra, 2021.

HARRIS, A. Inveja feminina: exploração preliminar. *Ide*, São Paulo, v. 40, n. 65, p. 13-22, jun. 2018. Disponível em http://pepsic.bvsalud.org/scielo.php?script=sci_arttext&pid=S0101-31062018000100002&lng=pt&nrm=iso. Acesso em: 28 mar. 2023.

HOOKS, B. Tudo sobre o amor: novas perspectivas. São Paulo: Elefante, 2020.

_____, B. Vivendo de Amor. Portal Geledés, São Paulo, 9 mar. 2010. Disponível em: https://www.geledes.org.br/vivendo-de-amor . Acesso em: 20 out. 2022.

JUNG, C., 1875-1961. *Psicologia do inconsciente.* Tradução: Maria Luiza Appy. Petrópolis: Vozes, 1980. 92 p.

KAFKA, Franz. Diários: 1909-1923. Ed. Todavia. 2021 São Paulo. 576p.

KEHL, M R. *Ressentimento.* 3. ed. São Paulo: Boitempo, 2020.

KHAN, M. M. R. *Psicanálise: teoria, técnica e casos clínicos.* Rio de Janeiro: Francisco Alves, 1984.

KLEIN, M. (1928). Estágios iniciais do conflito edipiano. *In:* Amor, Culpa e Reparação e outros trabalhos. Rio de Janeiro: Imago, 1996. (Trad. André Cardoso).

_____. (1946). Notas sobre alguns mecanismos esquizóides. *In:* Inveja e gratidão e outros trabalhos (1946-1963). Rio de Janeiro: Imago,1991. (Vários tradutores).

_____. (1959). Nosso mundo adulto e suas raízes na infância. (p. 280-297). *In:* Inveja e gratidão e outros trabalhos (1946-1963). Rio de Janeiro: Imago,1991. (Vários tradutores).

KLOCKARS, Leena & SIROLA, Riitta. The mother-daughter love affair across the generations. *In:* The pschoanalytic study of the child., v. 56, p. 219-237, 2001.

LACAN, J. *Subversão do sujeito e dialética do desejo no inconsciente freudiano. In*: Jacques Lacan. *Escritos.* Tradução de Vera Ribeiro. Rio de Janeiro: Jorge Zahar Editor, 1998.

_____. (2003 b) *Televisão. In:* Outros escritos. Rio de Janeiro: Jorge Zahar. (Trabalho original publicado em 1974) p. 538.

LAPLANCHE, J.; PONTALIS, J. B. *Vocabulário de psicanálise.* 2. ed. Santos: Martins Fontes, 1970.

LIMA, A. Via instagram (@psi_alinelima_). Disponível em: https://www.instagram.com/p/CpVqmMPrqNh/. Acesso em: 11 jun. 2023.

LINS, Regina Navarro [1948]. *A cama na varanda*: arejando nossas ideias a respeito do amor e sexo. 11. ed. Rio de Janeiro: Best Seller, 2017. 476 p.

LISPECTOR, C. Água *viva*. Rio de Janeiro: Rocco. 1973.

LISPECTOR, C. 1925-1977. Felicidade clandestina: contos / Clarice Lispector. Rio de Janeiro: Rocco, 1998.

MAC-KINNON, Catherine. *Toward a Feminist Theory of the State*. Catherine A. MacKinnon. Cambridge: Harvard University Press, **1989**. 320p. 1989.

MATHIAS, D. *A inveja e modalidades de interação*. 2016. Disponível em: https://www.e-publicacoes.uerj.br/index.php/cadernoseminal/article/view/18355. Acesso em: 25 mar. 2023.

MCDOUGALL, J. *Teatros do corpo*. O psicossoma em psicanálise. 3. ed. São Paulo: WMF Martins Fontes, 1999. 194 p.

MILLER, Jacques-Alan. A criança entre a mulher e a mãe. *Revista Opção Lacaniana*, Rio de Janeiro, v. 2, p. 7-12, 1998.

MILLER, Jacques-Alan. *O mal entendido. In:* Capítulos de psicanálise, n 13 São Paulo: Ed; Biblioteca freudiana, p. 4. 1989

MOUZAR, Benedito cita essa frase de Luis Fernando Veríssimo no artigo *Cultura inútil: Liberdade! Liberdade?* para o blog da Boitempo. Publicado em 09/05/2019. Disponível em: https://blogdaboitempo.com.br/2019/05/09/cultura-inutil-liberdade-liberdade/. Acesso em: 20 maio 2023.

PHILLIPS, A. *Winnicott*. Aparecida; São Paulo: Ideias & Letras, 2006.

RESSTEL, CCFP. Desamparo psíquico. *In: RESSTEL, Cizina Célia Fernandes Pereira. Desamparo psíquico nos filhos de dekasseguis no retorno ao Brasil* [on-line]. São Paulo: Editora Universidade Estadual Paulista "Júlio de Mesquita Filho"; São Paulo: Cultura Acadêmica, 2015. p. 87-104.

RIBEIRO, M. A. C. *A neurose obsessiva.* 3. ed. Rio de Janeiro: Zahar, 2021.

RIBEIRO, Marina. *De mãe em filha*: a transmissão da feminilidade. 2009. 184p. Tese (Doutorado em Psicologia Clínica) – Núcleo de Método Psicanalítico e Formações da Cultura, Instituto de Psicologia, Pontifícia Universidade Católica de São Paulo, São Paulo, 2009.

RIVIÈRE, J. *Feminilidade como 'mascarada'* [1929/2008]. Disponível em: http://gymno.sites.uol.com.br/Riviere.htm Acesso em: 10. mar. 2023.

ROSA, Miriam Debieux. Histórias que não contam: o não dito e a psicanálise com crianças e adolescentes. Cabral Editora Universitária, Taubaté. SP. 2000

SAFRA, G. *A face estética do self: teoria e clínica.* Aparecida: Ideias e Letras; São Paulo: Unimaco, 2005. (Coleção Psicanálise do Século I).

SOLER, C. *O que Lacan dizia das mulheres* Tradução de Vera Ribeiro. Consultoria Marco Antônio Coutinho Jorge; - Rio de Janeiro: Jorge Zahar Ed., 2005.

SUY, Ana. *Feminilidade, amor e devastação: alguns pontos de encontro entre Freud e Lacan.* Psico/argum. 2016 jul/set, v. 34, n. 86, p. 243-255. p. 247.

SUY, A. *A gente mira no amor e acerta na solidão.* São Paulo: Planeta do Brasil, 2022.

WINNICOTT, D. W. *O ambiente e os processos de maturação*: estudos sobre a teoria do desenvolvimento emocional. Porto Alegre: Artes Médicas, 1983.

WINNICOTT, D. W. 1896-1971. O brincar e a realidade. Tradução de Breno Longhi. São Paulo: Ubu, 2019. 256 p.

WOLF, N. *O mito da beleza*: como as imagens de beleza são usadas contra mulheres. Naomi Wolf; Trad. Wáldea Barcellos. 15. ed. Rio de Janeiro: Rosa dos Tempos 2018. 490 p. 23cm.

ZALCBERG, M. *De menina a mulher*: cenas da elaboração da feminilidade no cinema e na psicanálise. 1. ed. Rio de Janeiro: Edições de Janeiro, 2019.

ZANELLO, Valeska. *Saúde mental, gênero e dispositivos*: cultura e processos de subjetivação. 1. ed. Curitiba: Appris, 2018.

ZANELLO, Valeska. *A prateleira do amor*. 1. ed. Curitiba: Appris, 2022.